Bom dia, pai

Haroldo de Andrade Jr.

Bom dia, pai

1ª edição

Editora Ideia Jurídica

BOM DIA, PAI
COPYRIGHT© EDITORA IDEIA JURÍDICA LTDA.

Editor: *Cláudio Luiz Brandão José*
Capa e diagramação: *Rogério Mota*
1ª edição *2014*
Impresso no Brasil *Printed in Brazil*

Editora Ideia Jurídica Ltda.
ideiajur@gmail.com
Tel. (21) 2509-5551

Todos os direitos de reprodução, cópia, comunicação ao público e exploração econômica desta obra estão reservados única e exclusivamente para a Editora Ideia Jurídica Ltda. Proibida a reprodução parcial ou total da mesma, através de qualquer forma, meio ou processo eletrônico, digital, fotocópia, microfilme, Internet, CD-ROM, sem prévia e expressa autorização da Editora, nos termos da lei 9.610/98 que regulamenta os direitos de autor e conexos.

DADOS INTERNACIONAIS PARA CATALOGAÇÃO NA PUBLICAÇÃO (CIP)

A567b

Andrade Júnior, Haroldo de, 1954-
   Bom dia, pai / Haroldo de Andrade Jr. - 1. ed. - Rio de Janeiro : Ideia Jurídica, 2014.
   159 p. ; 21 cm.

   ISBN 978-85-87873-40-8

   1. Crônicas brasileiras. I. Título.

CDD- B869.8

JOSÉ CARLOS DOS SANTOS MACEDO   BIBLIOTECÁRIO – CRB7 N. 3575

Para Rose, com quem me casei duas vezes, por amor.

Sumário

Prefácio 11
1. Predestinação 13
2. Vingança 18
3. Festa 22
4. Menina 26
5. Louco 30
6. Viagem 34
7. Omissões 38
8. Servidores 41
9. Mamãe 44
10. Amigos 47
11. Leituras 51
12. Virgem 55
13. Ampulheta 59
14. Assalto 62
15. Vítimas 66
16. Descobertas 68
17. Vestido 72
18. Velhice 76
19. Segredo 80
20. Supermercado 83
21. Trem 87
22. Voltar 91

23. Seios 95
24. Gabriela 99
25. Cotidiano 103
26. André 106
27. Vovô 110
28. Aladim 115
29. Dama 118
30. Mulher de PM 122
31. Irmãzinhas 126
32. Renovação 129
33. Professora 132
34. Machão 135
35 Nojo 140
36. Memória (Alzheimer) 145
37. Casa Amarela 148
38. Calcinha 152
39. Reencarnação 156

"OS TEXTOS IMPRESSOS NESTE LIVRO FORAM, originalmente, elaborados para utilização em meus programas de rádio, sempre em emissoras populares. São, portanto, textos simples, formados por palavras curtas e de uso consagrado, para facilitar o entendimento de ouvintes (agora, também leitores) das mais diversas camadas sociais. A minha única pretensão, ao desenvolvê-los, foi me fazer entender o mais claramente possível, porque acredito que assim devem ser todas as mensagens ao povo em geral: objetivas e sem arrogância, sem nenhum pudor de recorrer ao romantismo, quando necessário; sem nenhum constrangimento de recorrer ao sentimentalismo, quando preciso, pela razão de as histórias serem verdadeiras, contadas por gente simples, na maioria, e por mim apenas passadas para o papel."

Prefácio

CERTO DIA FOMOS CONVIDADOS para participar do programa do Haroldo de Andrade na Radio Globo e aceitamos. Daquele dia em diante o diálogo fez nascer uma amizade com a troca de ideias, conselhos recíprocos e efetiva participação nos debates semanais. Ao saber que fundamos e presidimos uma Instituição de crianças especiais, o Haroldo interessou-se e nos fez várias visitas elogiando o trabalho e até divulgando. Os anos se passaram e o Haroldo deixou a Rádio Globo comprando sua própria emissora que foi batizada com o seu nome, Rádio Haroldo de Andrade e, da mesma forma participamos dos debates. Muitas vezes almoçamos, jantamos e dialogamos até que o Bom Deus o chamou para a eternidade.

Mais tarde, fazendo parte do programa do Francisco Barbosa na Rádio Tupi, fomos cumprimentar o Haroldo de Andrade Junior, por sermos ouvintes atentos do seu programa, aos domingos, que começara com a crônica do **Bom Dia** enfocando fatos da vida real e transformando-os em crônicas, pois a vida é feita de histórias.

Ao encontrar o Haroldo Junior perguntei-lhe, diversas vezes, por que não as publicara e ele, na sua humildade, dizia que apenas as escrevia para seu programa, sem outra pretensão, como me escreveu explicando:

"Os textos impressos neste livro foram, originalmente, elaborados para utilização em meus programas de rádio, sempre em emissoras populares. São, portanto, textos simples, formados por palavras curtas e de uso consagrado, para facilitar o entendimento de ouvintes (agora, também leitores) das mais diversas camadas sociais. A minha única pretensão, ao desenvolvê-los, foi me fazer entender o mais claramente possível, porque acredito que assim devem ser todas as mensagens ao povo em geral: objetivas e sem arrogância, sem nenhum pudor de recorrer ao romantismo, quando necessário; sem nenhum constrangimento de recorrer ao sentimentalismo, quando preciso, pela razão de as histórias serem verdadeiras, contadas por gente simples, na maioria, e por mim apenas passadas para o papel."

Fizemos a leitura atenta de todas crônicas e as valoramos por serem histórias da vida das pessoas, que trazem a realidade na certeza de que o homem espiritualizado dignifica a vida pelo sentimento, pensamento e efetivas ações.

Repetimos que a leitura das crônicas do **Bom Dia** do Haroldo de Andrade Junior reflete o externar de sua alma, que sempre foi iluminada por seu pai, o inesquecível Haroldo de Andrade, exemplo de radialista e homem do bem.

"Quem é Haroldinho":

Nasceu em 17/05/1954, filho de Haroldo de Andrade e de Elzira Schramn, casado com Rosemary Andrade Silva, com quem tem dois filhos: André Luiz e Thiago.

Começou na carreira de radialista aos 12 anos, com o pai em 1967.

Conseguimos coligir apenas 82 crônicas do **Bom Dia** na certeza de que muitas outras existem, pois o programa está no ar todos os domingos.

As crônicas exercem uma reflexão, pois são mensagens para a vida diária, ensinamentos não só filosóficos como pedagógicos e traduzindo verdades Teologais, eis porque o Haroldo Junior inicia o programa, invocando a proteção de Deus, aduzindo: "Nosso pai, poderoso, generoso, criador de todos os seres e de todas as coisas".

Os leitores ao fazerem a reflexão de cada crônica sentirão o elevado espírito do autor e seu profundo sentimento de respeito pela vida.

Estamos certos que suas preces farão o encerramento:

"Descansa em paz meu pai que eu sou feliz".

Meu caro Haroldinho, que o Bom Deus te abençoe e te guarde.

Libórni Siqueira

1. Predestinação

A HISTÓRIA QUE AGORA CONTO ME FOI CONTADA por meu pai, e dela eu muito compartilhei.

De cabelos quase cor de cobre, o menino aguardava, ansiosamente, a chegada do pai à casa. Os minutos pareciam intermináveis, e a noite escurecia de vez o céu nublado e o frio dos dias típicos do outono curitibano. Era primeiro de maio de 1944. O garoto estava completando dez anos, e o pai lhe prometera, de presente, a realização do seu maior sonho.

De ouvidos aguçados, o ranger do portão, o gemido das rodas da charrete e o trote do cavalo logo foram percebidos por ele. Era o pai, finalmente retornando, após mais um dia duro de trabalho na penitenciária, tomando conta dos presos mais perigosos.

O coração do guri acelerou. Ele sentia as batidas mais fortes no seu peito, e não conseguia se controlar. Ficou em dúvida, perguntando-se se deveria correr até o curral e ajudar o pai a descer da charrete e depois tirar a sela do cavalo, escovar o pelo do animal e alimentá-lo com o capim que colhera de manhã cedinho, com as mãozinhas endurecidas pela geada que caíra durante toda a madrugada, ou se ficava esperando dentro de casa, na vã expectativa de disfarçar e esconder do pai o quanto estava nervoso.

Na indecisão, quando se deu conta, o pai, com um grande embrulho debaixo do braço, entrou na sala, e já dando ordens, como era de hábito:

— Por que essa cara de paspalho, piá? Vai lá cuidar do cavalo, anda, guri! — determinou o pai, mal humorado, como sempre.

O garoto não conseguia desgrudar os olhos da caixa. Paralisado, esperava que o pai estendesse a mão e lhe entregasse o presente prometido.

— Não te mandei cuidar do cavalo, piá? — gritou o pai, dando um safanão na cabeça do filho, desmanchando-lhe o topete, que fora penteado com muito zelo para celebrar a ocasião. Como um raio, o pequeno saiu do seu estupor, e partiu para o quintal da chácara, molhando o seu

Bom dia, pai

sapatinho novo na lama formada pela água da chuva em mistura com o chão de terra roxa e barro.

Ele perdeu um bom tempo, cuidando das suas obrigações.

Quando retornou para dentro de casa, com tristeza, viu que o pai ainda não tomara banho, como sempre fazia, e nem estava à mesa, reclamando do feijão aguado e do arroz papa preparados pela mulher. Sem pressa, na maior calma, o pai estava sentado no banquinho azul de madeira que ficava embaixo da janela da cozinha, pitando o seu cigarrinho de palha.

A ansiedade do menino crescia, mas ele tinha medo de falar sobre o presente com o pai, que poderia explodir em fúria, como tantas vezes acontecia, e massacrá-lo com a força dos seus punhos, calejados de tanto bater nos presidiários, assim como também no filho. O clima era tenso. O silêncio tomou conta do ambiente, ouvindo-se apenas o crepitar da lenha no fogão, atirando fagulhas, pequeninas estrelas de fogo, ao ar.

O menino percebeu que o pai o estava torturando, com prazer, ao prolongar a demora para fazer a abertura da caixa que trouxera. Era um jogo de paciência. O pai se levantou, atirou o pitoco de cigarro pela janela e, sem dizer uma palavra, foi para o banho. A sós na cozinha, mãe e filho se olharam e trocaram um sorriso de cumplicidade e aliviado conforto, e dirigiram-se à sala, para aguardar a hora tão esperada. Cansado pela ansiedade, o garoto adormeceu.

— Acorda, piá! Acorda! — disse o pai, rudemente, sacolejando o filho pelos ombros, mas que ao abrir os olhos, apesar de sonolento, a primeira coisa que viu foi o rádio, orgulhosamente colocado em cima de uma estante de madeira, em posição de destaque. Como se fora um boneco de mola, o garoto deu um salto e correu para o aparelho; antes que encostasse a mão nele, o pai o agarrou e fez a advertência:

— Você nunca meta as patas no rádio! Nunca! Ouviu? Se o rádio quebrar, eu vou moer você na pancada, entendeu, guri? Entendeu? Responda!

Predestinação

Fascinado com o equipamento, novinho em folha, com os seus grandes botões e um brilhante visor de luz esverdeada, tudo emoldurado por uma linda caixa de madeira escura, o menino fez que sim, balançando afirmativamente a cabeça. O pai, solene, aumentou o volume, e o som mágico e maravilhoso de uma valsa tomou conta de tudo. Foi uma emoção indescritível, com as notas do Danúbio Azul enchendo de felicidade o coração do menino.

O rádio só era ligado à noite, quando o pai chegava, e a família se reunia em volta do equipamento para ouvir histórias, novelas, músicas, notícias sobre a guerra – e sonhar.

Uma noite, o pai, ao ligar o rádio, descobriu que haviam tirado de sintonia a sua emissora preferida. Quis saber quem foi. Fez ameaças. Gritou. Os irmãos não se acusaram. A mãe se calou. E o pai decidiu que tinha sido o garoto, que precisava aprender uma lição. Naquela noite, com o corpo brutalmente ferido a socos e pontapés, os olhos, a boca e os ouvidos sangrando, o menino, desmaiado, foi colocado na cama, e não escutou os seus programas favoritos.

O padrinho, ao saber do ocorrido, decidiu socorrer o menino, levando-o para morar na sua casa, protegendo e cuidando do afilhado.

– Padrinho, como é que eu faço para comprar um rádio? – o garoto, um dia, quis saber.

– Só tem um jeito: trabalhando e ganhando dinheiro – respondeu o padrinho.

– Eu quero comprar um rádio pra mim, só meu. Quero trabalhar com você – o garoto pediu.

Na manhã seguinte, bem cedinho, padrinho e afilhado já estavam no curral, tirando leite das vacas e enchendo os latões, que eram colocados em cima de uma charrete, na qual os dois percorriam as ruas da capital paranaense oferecendo o produto fresquinho. O dinheiro que ganhavam era pouco, mas o garoto economizava tostão por tostão.

– Padrinho, não quero mais ir à escola, não – ele falou um dia.

— Por que isso, garoto? Lugar de menino é na escola, pra poder se formar, trabalhar e ganhar mais dinheiro — o padrinho explicou.

— Pra que, se eu já sou leiteiro e já ganho o meu dinheiro? — o menino respondeu.

— Simplesmente porque, se você estudar e quiser ser leiteiro, será um leiteiro muito melhor — o padrinho foi taxativo.

Leiteiro. Foi essa a primeira profissão de meu pai. Depois, na sua paixão, conseguiu emprego numa estação de rádio, a Radio Clube Paranaense, trabalhando como faxineiro, observando, aprendendo e praticando no serviço de alto-falantes de um parque de diversões, oferecendo músicas aos casais enamorados.

Na rádio, na falta do locutor do horário, o operador de áudio, de brincadeira, provocou:

— E aí, piá, quer falar no microfone?

Meu pai aceitou. O diretor da emissora, em casa, ao ouvir aquela voz diferente da habitual, telefonou para a rádio, querendo saber quem estava apresentando o programa de músicas clássicas.

— É o Haroldo, o garoto da limpeza — o operador de áudio esclareceu, pedindo desculpas e prometendo tirar o menino do ar. O diretor não deixou. Disse que estava indo para a rádio e que, chegando lá, resolveria o problema. E foi assim que Haroldo de Andrade iniciou a sua carreira de radialista, parecendo uma surpresa para todos, menos para si mesmo, porque há muito vinha se preparando à espera de uma oportunidade.

Aos 19 anos, em meados dos anos 50, veio para o Rio de Janeiro, contratado pela Radio Mauá, onde passou a apresentar O MUSIFONE, primeiro programa interativo do rádio brasileiro, com a participação ao vivo dos ouvintes que, pelo telefone, escolhiam as suas músicas favoritas. Virou uma febre.

Logo se tornou líder de audiência, desbancando nomes tradicionais e emissoras muito mais poderosas do que a sua pequena "Rádio do Trabalhador". No comecinho dos anos 60, foi contratado pela Rádio Globo, onde ficou durante mais de 40 anos, sempre líder absoluto de audiência, criando quadros como o "Bom Dia", a "Pesquisa do Dia", "A Música da Minha Vida", "Por um Milagre", "A Parada de Cada Um", e introduziu a participação de médicos e advogados, em lugar das tradicionais previsões astrológicas e receitinhas, trazendo esclarecimentos e informações para os ouvintes. Mas, o seu grande legado para o rádio moderno é o debate.

"OS DEBATES POPULARES", o seu quadro mais famoso, foi criado no começo dos anos 70, no auge da ditadura militar, com a censura lacrando jornais, emissoras de rádio e de televisão, impedindo a liberdade de expressão. Os Debates Populares resistem — até hoje — nas principais emissoras de rádio de todo o Brasil. Tive a honra, o orgulho e a sorte de ter sido o primeiro redator das primeiras pautas dos "debates do Haroldo de Andrade", como o povo dizia.

O sonho de comprar um aparelho de rádio foi realizado e cresceu, e meu pai comprou a sua própria emissora, a rádio Haroldo de Andrade, que morreu com ele num primeiro de março, dia de aniversário da cidade do Rio de Janeiro, que ele verdadeiramente amou e defendeu através dos microfones.

Em nome de todos os radialistas, esteja você onde estiver, meu pai, pra você, estas minhas palavras, o nosso agradecimento, a minha saudade — e este **BOM DIA**.

2. Vingança

ELISA ESTENDEU O LENÇOL BRANCO NO AR, num movimento firme, deixando-o cair suavemente sobre a cama. Então, ajeitou as pontas, esticando-as bem, até que não ficasse uma ruga sequer. Depois, afofou delicadamente os travesseiros de penas de ganso, vestiu-os com as fronhas de florzinhas bordadas e se deliciou com o aroma de limpeza que tomou conta do quarto. Elisa olhou em volta, para conferir. Estava tudo pronto.

Os ladrilhos azul-celeste do banheiro estavam brilhando. As toalhas, alvíssimas, combinavam perfeitamente com os tapetinhos de pano, também muito limpos, sobre o piso de cerâmica antiderrapante. Dentro do box, numa prateleirinha de acrílico transparente, os shampoos, os cremes hidratantes, tudo no seu devido lugar.

O tempo passou e Elisa nem percebeu, tão compenetrada estava na arrumação doméstica. Quando se deu conta, o relógio marcava oito horas da noite. E Humberto estava para chegar, já devia estar dobrando a esquina, com seus passos apressados, dentro de um terno azul-marinho que, apesar de sua sobriedade, não conseguia esconder toda a jovialidade do mais novo advogado da cidade, já devidamente empregado e recém-casado, ainda na sua primeira semana de lua de mel.

Elisa abriu a torneira do chuveiro, e deixou a água morna deslizar por todo o seu corpo, levando a espuma do sabonete de rosas, mas deixando o perfume, que Humberto tanto amava, impregnado na sua pele. Terminado o banho, secou-se, mas deixou os cabelos ainda molhados, porque era assim que ele preferia.

Aquele foi o dia em que Humberto, pela vez primeira, chegou em casa tarde da noite, alegando que ficou preso no escritório, por causa do trabalho.

Vingança

— Desculpe, meu amor — ele disse. — Tive que passar a noite numa delegacia policial, para soltar um cliente que está sendo acusado de ser traficante de drogas.

— Não custava nada ter ligado, né, Humberto? Não custava nada. Eu entendo que é o seu trabalho. Mas não custava nada — Elisa respondeu.

Desde então, são incontáveis as vezes em que a cena se repetiu ao longo dos mais de quinze anos de casamento. Humberto estava sempre alegando excesso de trabalho, cujo sucesso podia ser medido pelos avanços na vida material da família: apartamento próprio na Tijuca, carro do ano para Elisa, na garagem, carro do ano para Humberto, no estacionamento.

Tudo foi caindo na rotina, porque Elisa acreditava que o marido não poupava esforços na batalha para oferecer o conforto melhor para os seus, incluindo agora um garotinho e uma linda menina, de seis e de oito anos, respectivamente.

— Abre o olho, Elisa, abre o olho. Você não está vendo que tem mulher nessa história? — alertou Elisabeth, na intenção de ajudar a irmã mais nova.

— Que mulher que nada, Beth. O Humberto sempre trabalhou que nem um escravo, pra dar o melhor pra mim e para os nossos filhos — Elisa defendia o marido.

— Abre o olho! Abre o olho! — a outra insistia.

Tantas vezes advertida, tantas vezes alertada, Elisa começou a ficar com a pulga atrás da orelha, e se deu conta de que Humberto, no começo tão fogoso, tão ardente, quase não procurava mais por ela. A desconfiança foi crescendo. Passou a controlar todos os passos do marido, os seus horários, começou a exigir mais carinho e melhor desempenho na cama.

— Elisa, não dá mais. Você está me sufocando — Humberto desabafou, numa noite de sábado, depois de ter satisfeito a mulher pela segunda vez.

— Você tem outra! Vai, confessa, você tem outra! — foi a reação de Elisa.

— Quer saber? Tenho, sim. Estou de saco cheio com você. Pra ter sexo com você, só à base de Viagra! É ruim ter que encarar você entre quatro paredes — Humberto explodiu, para espanto de Elisa, que logo se refez, pulou da cama e jogou para fora do armário todas as roupas do marido.

— Fora, canalha! Fora da minha cama! Fora da minha casa! Fora da minha vida! Cachorro! Seu cachorro! — gritava Elisa, nua, cabelos desgrenhados, as lágrimas escorrendo pela face, acordando as crianças e chamando a atenção de vizinhos, que foram para as janelas, fingindo olhar para o movimento da rua, mas na verdade querendo saber de onde e por que rolava tanta baixaria.

Humberto entrou no carro debaixo de uma chuva de gravatas, camisas, sapatos, cuecas, que Elisa atirava pela janela do oitavo andar, como se fosse uma louca. Ligou o motor. Sumiu na noite estrelada de verão do Rio de Janeiro.

O divórcio foi complicado. Nem parecia que Elisa e Humberto se amaram um dia. Definida a questão da pensão das crianças e a divisão dos bens — o apartamento ficou para ela — nunca mais se viram, nunca mais se falaram.

Agora, vinte anos depois, Humberto reaparece. Pede para conversar a sós com Elisa. Ela aceita. Ele conta que esta com câncer de próstata, que não tem ninguém para ajudá-lo, pede perdão e o apoio da ex-mulher. Ela explica que refez a sua vida, que tem outro homem, embora não more com ele por causa das crianças, e que nada pode fazer. Humberto insiste, chora, ajoelha-se, abraça Elisa com força e beija-lhe a boca, inesperadamente.

Elisa explica ao seu novo companheiro toda a situação, admite que ainda tem um resto de carinho e de amizade por Humberto, argumenta que ele é, apesar dos pesares, o pai dos seus filhos e que, por isso tudo, vai sim ajudá-lo, nessa hora tão difícil.

Vingança

Num domingo pela manhã, Humberto chegou, trazendo as suas malas, de volta para a sua antiga casa, de volta ao convívio dos filhos. Foi acomodado no quarto do rapaz, que ficou feliz em receber e em poder ajudar o pai.

Revoltado com a situação, o namorado de Elisa decide terminar o romance, quase que a entregando, de bandeja, de volta para os braços do ex-marido.

Humberto, cada vez mais grato, descobre-se novamente apaixonado por Elisa. Fala dos seus sentimentos. Pede mais uma chance. Relutante, depois de consultar os filhos, que lhe dão o sinal verde, ela aceita. Refeitas as pazes, de noite, Humberto tenta possuir Elisa. Fracassa. Recorre aos remédios indicados para quem sofre de disfunção erétil. Nada. Não adianta, não funciona. E Elisa, repentinamente, cai na gargalhada.

— Impotente! Impotente! Foi por isso que você pediu para voltar! Você está impotente, não pode mais me trair, nem pode mais satisfazer a mulher nenhuma! Impotente! — ela ri, com escárnio. É a hora da vingança, durante tanto tempo por Elisa esperada, sonhada e planejada.

Humilhado, Humberto chora, pensa em se matar, e me pergunta como sair dessa enrascada, desse bico de sinuca em que se encontra: ou enfrenta sozinho o câncer, sem a ajuda de ninguém, ou suporta as ofensas da ex-mulher que, por outro lado, não nega a mão estendida que ele precisa.

Humberto, meu amigo, você plantou o vento e agora colhe a tempestade. Mas nada justifica, nem mesmo um arrependimento verdadeiro, porém tardio, que você se submeta a esse tipo de situação. Reaja. Tenha orgulho. Recorra aos voluntários que atuam nos hospitais do INCA, por solidariedade e amor ao próximo. Não se faça de coitadinho, de vítima sofrida. Seja homem. Vá à luta. E receba o meu abraço e este **BOM DIA**.

3. Festa

QUINDINS. DOCINHO DOS ANJOS. Queijadinhas. Brigadeirinhos de chocolate e de limão. Maria mole. Canudinho recheado. Olho de sogra. Suspiros. Beijinhos de coco. Bombocados aos montes. Docinhos de cenoura, de nozes. Nhá Benta. Cajuzinho. Bombons. Bicho de pé. Bombas de chocolate. Docinho de ameixa e mais os salgadinhos, todos eles, enfeitando a mesa que estará coberta por uma lindíssima toalha de renda, branca, alvíssima, como nunca se viu.

Dona Nair dormia e acordava sonhando com essas delícias, que seriam servidas na festa de quinze anos da sua filhinha caçula, a ser comemorado dali a pouco mais de 60 dias, no clube mais bonito de Nova Iguaçu, o Country, frequentado pelas pessoas da classe média alta da cidade.

O marido, seu Oliveira, não se incomodava com a agitação alegre da mulher, e colaborava da forma que podia, fazendo contatos com doceiros, cozinheiras, garçons, empresas especializadas em *buffets*, negociando preços e formas de pagamento que não estourassem o seu orçamento.

Seu Oliveira também não se negava a servir de motorista, levando a mulher ao centro do Rio, para ajudá-la na escolha das roupas que a família vestiria no grande dia.

Resignado, ele aceitou comprar o terno de que a mulher mais gostou, embora ele, pessoalmente, odiasse paletó, gravata, colete, essas coisas que, num passe de mágica, podem transformar o visual de um homem simples em um homem até sofisticado, com alguma classe.

Para ela, dona Nair abriu um crediário e adquiriu um vestido que custou os olhos da cara, numa loja de marca, num *shopping* em Botafogo.

Para a filha, para a aniversariante, seria feita, sob medida, uma vestimenta deslumbrante, digna da princesa que a menina é.

Festa

Para o filho mais velho do casal, uma roupa mais simples, confortável, mas sem muito luxo, fácil de vestir, fácil de lavar, bem prática.

Dona Nair andava tão ocupada e tão feliz, que nem percebeu que havia uma sombra de tristeza sobre os olhos da sua garota, apesar da animação da família e da empolgação das colegas, todas querendo dançar a valsa da meia-noite com os seus príncipes, rodopiando ao som do Danúbio Azul pelo salão.

Numa manhã de sábado, reunidos à mesa para o café, dona Nair falava sem parar, mas a garota permanecia calada, desatenta. Seu Oliveira percebeu e quis saber da filha o que estava acontecendo, se havia alguma coisa que a incomodava. Relutante, a garota disse que "não, não, pai, tá tudo bem". Mas, o pai insistiu. Argumentou que tinha o direito de saber.

— É o namoradinho, Isabel, minha filha? — ele perguntou.

— Não, pai. Que Mané, namorado que nada, pai! Pô! — Isabel respondeu, bruscamente.

— Veja lá como você fala com o seu pai, viu, garota! — dona Nair intrometeu-se na conversa.

Isabel, tomada por uma fúria repentina, apontou o dedo para a mãe e, aos berros, disse que não queria saber de festa coisa nenhuma, que estava de saco cheio com esse papo de alugar salão, de fazer convites, de ficar fingindo que fazer quinze anos é a melhor coisa dessa vida.

Pega de surpresa, porque sempre acreditou que comemorar a chegada dos seus quinze anos de forma inesquecível era um grande sonho da filha, dona Nair quis saber, então, o que a menina gostaria de ganhar de presente.

— Colo. Eu quero colo, mãe — Isabel respondeu tristemente — Você nunca me pegou no colo, mãe! Nunca! Vou fazer quinze anos, e a minha mãe jamais se deu ao trabalho de me pegar no colo. Que você me pegasse no colo, uma vez que fosse! Isso é o que eu quis a vida inteira, mãe. A vida inteira!

Ao ouvir o desabafo da filha, dona Nair ficou pálida, os seus lábios tremiam, as suas mãos pareciam fora de controle, e as lágrimas inundaram os seus olhos castanhos. Com esforço, conseguiu levantar-se, muda, e sair quase correndo em direção ao quarto, batendo a porta com força e atirando-se sobre a cama, onde iniciou um choro compulsivo, feito de soluços e ais que vinham do mais fundo da sua alma.

– Isabel, minha filha, você não sabe o que está falando. Você está sendo injusta e cruel com a sua mãe, que tem o maior amor do mundo por você – disse seu Oliveira, também se preparando para sair da mesa.

Isabel segurou o braço do pai e disse que era verdade, que a mãe nunca a segurou no colo, como fazem todas as mães. Contou, ainda, que revirou o álbum de fotografias da família e que ali estavam dezenas de fotos com dona Nair segurando o filho mais velho no colo, mas que não havia uma foto sequer em que ela aparecesse segurando Isabel nos seus braços.

Seu Oliveira calou-se. Foi consolar a mulher. No quarto, pediu compreensão de dona Nair, porque adolescentes são assim mesmo, rebeldes, nunca estão satisfeitos com nada, reclamam de tudo, por mais que a gente faça por eles.

Naquela noite, pela primeira vez desde a sua formação, a família dormiu desunida. E o que era um lar virou um ambiente de silenciosa tristeza, lamentos sufocados. Dona Nair não saiu mais do quarto. Ficou trancada durante mais de quinze dias.

Invadida pelo arrependimento, Isabel, cuidadosamente, abriu a porta e, na penumbra, viu o corpo da mãe deitado em abandono. Pé ante pé, sem fazer barulho, aproximou-se da cama e deitou-se ao lado da mãe que, ao perceber o movimento, acendeu a luz do *abat-jour* e iluminou a expressão de abatimento que ofuscava o brilho dos jovens olhos de Isabel.

Sem dizer uma palavra, a mãe esticou os braços e envolveu a filha, que se agarrou à mãe, num abraço emocionado de amor verdadeiro. As duas começaram a chorar. Isabel pediu desculpas à dona Nair. Dona

Nair pediu desculpas a Isabel, e explicou por que, durante toda a vida, jamais conseguiu pegar a filha no colo. Ela contou:

— Isabel, minha filha, quando o seu irmão mais velho nasceu, eu era a mulher mais feliz do mundo. Tinha um orgulho imenso da minha família, e gostava de exibir o meu filho para as amigas, para os parentes todos. Um dia, o seu irmãozinho tinha um aninho, eu estava brincando com ele na banheira, fazendo coceguinhas na barriguinha dele quando, de repente, ele escorregou das minhas mãos ensaboadas, batendo violentamente, de ponta cabeça, direto no chão. Foi assim que ele ficou paraplégico. Depois disso, nunca mais consegui pegar nenhuma criança no colo, especialmente você, especialmente você, Isabel, por mais que eu quisesse, por mais que eu quisesse, minha filha.

Depois disso, tornaram-se amigas inseparáveis outra vez, e Isabel, com jeito e muito carinho, convenceu dona Nair a pegar o seu filho de novo no colo, Carlinhos, um garotão de dezoito anos, que depende da mãe para quase tudo, mas que precisava mesmo era ter de volta o carinho da mamãe, feliz e sorridente, sentado no colo dela, a cabeça reclinada sobre os seus ombros.

A festa foi mesma cancelada.

No dia do aniversário de Isabel, o salão de um dos mais bonitos clubes da Baixada Fluminense estava vazio, mas o lar de seu Oliveira transbordava de amor e de amizade, com dona Nair, Carlinhos e Isabel, todos, reunidos diante de um lindo bolo de chocolate, coberto de *glacê*, com a velinha esperando ser apagada, depois do tradicional "parabéns pra você".

Todas as famílias têm os seus segredos, mas não deveriam, porque a verdade revelada, por mais dolorosa que seja, pode trazer a compreensão e o entendimento.

Isabel, pra você, que aos 15 anos se tornou uma adulta e uma pessoa melhor, os meus votos de muita felicidade, sempre aí, acomodadinha no colo da mamãe, e este meu **BOM DIA**.

4. Menina

O SOL SE PUNHA, PINTANDO DE ROSA o céu azul de nuvens muito brancas.

Foi quando Márcia viu a menina pela primeira vez. E, naquela instante, foi invadida por um sentimento que jamais sentira antes no seu coração. A vontade de Márcia era abraçar a menina, pegá-la no colo, beijá-la, acariciar o seu rostinho. Mas, não teve coragem. E o medo fez Márcia a conter o seu impulso.

No dia seguinte, lá estava Márcia, discretamente, de longe, observando a menina, tomando conta do que ela fazia. Ficou durante mais de meia hora assim, elaborando um jeito de se aproximar. E, mais uma vez, Márcia se acovardou. Quando se deu conta, Márcia percebeu que mais de um mês havia se passado e que consumiu horas preciosas dos seus dias observando a menina.

O olhar apaixonado de Márcia brilhava pela menina que, muitas vezes, não aparecia para trabalhar, deixando vazio o seu ponto na avenida Francisco Bicalho, quase ao lado da estação da Leopoldina. Se a menina não ia trabalhar, Márcia entrava em desespero, imaginando as piores coisas desse mundo. E ficava triste, tomada por uma tristeza que só tinha fim quando a menina reaparecia, com as roupinhas maltrapilhas, os seus cabelos mal cuidados, o narizinho escorrendo, possivelmente por causa de um resfriado ou de uma alergia que parecia não ter cura.

Um dia, ao ver um garoto muito mais forte e muito mais velho bater na menina, Márcia não resistiu, saiu do seu posto de observação e foi defendê-la, e acabou levando-a para sua casa, onde lhe deu banho, comida e roupinhas novas, que havia comprado especialmente para a criança.

A menina se afeiçoou a Márcia. E a amizade e a confiança foram ficando cada vez mais fortes. E a menina passou a dormir na casa de

Márcia, não ia mais para as ruas vender balas e chicletes, não era mais explorada por adultos inescrupulosos. Era a menininha que Márcia sempre sonhou ter, a criança que o seu ventre não foi capaz de gerar. Com amor e carinho, ensinava a menina a ler e a escrever, a fazer as primeiras contas.

Seu Joaquim, marido de Márcia, sempre apoiou a mulher, mas acreditou que era chegada a hora de matricular a criança numa escola de verdade. Mas, como matricular, se Márcia não tinha os documentos da menina, se Márcia não era a mãe verdadeira da garotinha?

— Olha, Márcia, só tem um jeito: a gente vai ter que ir à casa dela — disse seu Joaquim, preocupado.

E os dois voltaram à esquina em que a menina vendia balas e pedia esmolas, em busca de informações, saber onde a criança morava, quem eram os seus pais, tudo. Um dos garotos, desses que lavam o vidro dos carros mesmo sem a autorização do motorista, se ofereceu para ajudar, mas em troca de uma boa grana. Márcia e seu Joaquim toparam.

O motorista de táxi, quando percebeu que teria que entrar numa favela perigosa, em Nova Iguaçu, parou o automóvel e avisou que "daqui eu não passo, até fico esperando por vocês, mas daqui eu não passo". Márcia, o marido e o garoto desembarcaram e seguiram a pé, atravessando ruelas estreitas, mal cheirosas, entupidas de lixo e com esgoto correndo a céu aberto, com bandidos portando armas poderosas em cada beco, a cada esquina.

— É aqui. É aqui que mora a mãe da menininha que vocês disseram — falou o rapaz, parando diante de uma casinha que está prestes a desabar, com o madeiramento do telhado aparecendo, as paredes rachadas e com muitas marcas de infiltração e a porta de entrada pendurada, sustentada por apenas uma dobradiça enferrujada.

— De casa, ô de casa! — chamou dona Márcia, batendo palmas diante do portão de bambu e da cerca arrebentada de arame farpado.

— Ô de casa! — chamou também seu Joaquim.

Ninguém atendia. Não havia sinal de vida dentro da casa.

— Acho que não tem ninguém aí. É melhor a gente ir embora — disse seu Joaquim.

— Depois disso tudo? É ruim, hein! Vamos entrar! — Márcia se impôs, sem dar ouvidos aos argumentos do marido, que dizia que aquilo era ilegal, invasão de domicílio, um crime, que ali podia morar um bandido, um marginal. Quando deu por si, ele, Márcia e o garoto já estavam dentro da casinha, que parecia ter um único ambiente, com a sala servindo também de quarto e de cozinha, com as paredes manchadas pela fumaça da lenha que servia para alimentar uma espécie de fogão feito de chapa de ferro e base de tijolo nu. A iluminação era pouca, porque a única janela da casa se encontrava fechada e impedia também a ventilação, tornando o calor insuportável. De repente, Márcia ouviu um gemido. Olhou mais atentamente e viu que alguém dormia numa esteira estendida no chão, num canto tomado de garrafas de cachaça e latas vazias de cerveja. Sem fazer barulho, Márcia se aproximou e pôde sentir o cheiro de álcool no bafo da mulher que estava adormecida. Com delicadeza, Márcia tocou no ombro dela, na tentativa frustrada de acordá-la. Não teve sucesso. Usou um pouco mais de força, sacudindo a bêbada, que finalmente despertou, resmungando palavrões e querendo voltar ao seu sono que era quase um coma. Seu Joaquim sugeriu que dessem um banho frio nela, e depois um bom café sem açúcar. Mas, a casa não tinha banheiro, não tinha chuveiro, e a solução foi encher uma lata com a água tirada de um poço artesiano, que ficava nos fundos, e jogar a água fria em cima da criatura. Assim foi feito. E só assim, espantada e surpresa, ela finalmente acordou.

Márcia e o marido explicaram que estavam ali por causa da menina, que queriam adotá-la, mas que precisavam da autorização dos pais para isso. A mulher, então, contou que nem sabia por onde andava a garota, que não estava nem aí para o que estava acontecendo com ela.

— Quer dizer, então, que a senhora não tem nenhum documento da sua filha? — seu Joaquim quis saber.

— Pra que, moço? Pobre num tem essas coisas, não — ela disse, explicando que jamais se dera ao trabalho de registrar a filha.

Vinte anos se passaram. E, na semana passada, preocupada com a filha, que agora deu para chegar em casa com hálito de cerveja, depois das noitadas com os amigos, dona Márcia chamou a sua atenção, alertando que o alcoolismo é uma doença séria, perigosa, que destrói a vida das pessoas.

— Para com isso, mãe! Que saco! Eu bebo quando eu quiser e pronto! — disse a menina, diante das preocupações e advertências da mãe.

— É que eu e seu pai estamos sofrendo por causa das suas bebedeiras, estamos muito tristes — respondeu a mãe.

— Eu nunca pedi pra ninguém sofrer por causa de mim, larga o meu pé, não te pedi pra nascer — a garota argumentou, agressivamente.

E dona Márcia e seu Joaquim se calaram, na dúvida se devem ou não contar à filha que ela é adotada, que a sua mãe legítima era uma alcóolica e que os filhos dos viciados em álcool podem herdar o alcoolismo.

Acredito que só a verdade, por mais dolorosa que seja, estabelece o equilíbrio das coisas. Dona Márcia, seu Joaquim, relembrem à sua menina a sua história, tudo o que vocês fizeram para adotá-la, por amor. Mas façam isso sem arrogância, sem ofender ou humilhar a sua filha. Coragem. E recebam o meu abraço e este **BOM DIA**.

5. Louco

— LOUCO!

— Louco!

— Lá vai o louco! — a meninada gritava, na maior euforia, numa maldade disfarçada de brincadeira inocente.

— Louco!

— Louco!

— Lá vai o louco!

E o homem descia a rua, balançando a cabeça de um lado para o outro, querendo demonstrar uma indiferença que na verdade era uma agonia, um maremoto de ressentimentos.

O Louco, então, ajeitava o velho paletó preto, descosturado em vários pontos, arrumava a gravata esfarrapada, suspendia a calça que teimava em lhe cair abaixo da cintura, e acabava reagindo, agitando na mão um velho livro de capa preta.

Era a *Bíblia*. Um velho e usadíssimo exemplar da *Bíblia*.

Os meninos, que esperavam por essa reação, ficavam ainda mais excitados, e gritavam cada vez mais alto:

— Louco!

— Maluco!

— Louco!

— Louco!

Encurralado, o homem acabava sentando-se no meio-fio e chorando lágrimas incontroláveis. A garotada, feito lobos cercando a caça, o rodeava e zombava ainda mais:

— Chorão!

— Louco chorão!

— Chorão!

— Chorão!

Irritado, ele se levantava e ameaçava bater nos meninos, que corriam, fugiam dando dribles de corpo no pobre coitado.

Era assim quase todos os dias, e a cena se repetia sem que ninguém interferisse; alguns até achavam graça na perversidade dos garotos, e ninguém saía em defesa do Louco.

A respeito dele, muitas coisas eram ditas. Havia quem garantisse que ele havia sido um advogado de muito sucesso, que ganhou rios de dinheiro, mas que perdeu o juízo ao não conseguir condenar os homens que espancaram o seu único filho até a morte, pelo simples fato de o rapaz ser homossexual. Havia aqueles que contavam que ele tinha sido dono de indústrias, um empresário riquíssimo, mas que perdeu tudo ao descobrir que era traído pela mulher a quem ele amava desesperadamente. Havia quem testemunhasse que o Louco, na realidade, era Louco desde os seus tempos de menino, quando viu seus pais sendo mortos durante um assalto à residência da família. Eram tantas as versões. Eram muitas as histórias. Mas nunca ninguém se preocupou em saber se eram verídicas, ninguém se deu ao trabalho de tentar saber, ao menos, onde morava o Louco.

Lúcia Helena, com o tempo, foi ficando cada vez mais apiedada, chegando à revolta e à indignação, por causa da indiferença das pessoas do bairro diante dos maus-tratos infligidos ao Louco. E decidiu sair em defesa dele, expulsando os garotos e levando o homem para a sua casa, dando-lhe o que beber, o que comer, e se dispondo a ouvi-lo.

— Tudo o que falam a meu respeito é invenção da cabeça dessa gente. Nunca fui um milionário. Também nunca fui advogado. E jamais fui empresário, coisa nenhuma. Mulher? Foi. Foi por isso mesmo. Pelo amor de uma mulher, trilhei o caminho errado, uma estrada diferente da que havia escolhido para a minha vida — contou o Louco.

Bom dia, pai

— Mas, o que essa mulher fez de tão ruim, para o senhor ficar assim, desse jeito? — Lúcia Helena quis saber.

— Eu sou o oitavo filho de uma família muito pobre, lá do interior do Rio Grande do Sul — disse o Louco. — Não tínhamos grandes expectativas, e se a nossa sobrevivência era incerta por causa da fome, o nosso futuro era mais incerto ainda. Eu era o caçula, e a minha mãe não queria para mim as dificuldades sofridas pelos meus irmãos. A solução que ela encontrou foi me abandonar, aos oito anos de idade, na porta de uma igreja, em Porto Alegre. O padre me acolheu, cuidou de mim e me encaminhou para um seminário. Pela primeira vez tive contato com os livros e, melhor ainda, podia fazer quatro refeições ao dia, podendo dormir sem o ronco humilhante do estômago vazio — o Louco ia narrando a sua história.

Tudo ia muito bem, até o dia em que ele, já morando aqui no Rio de Janeiro, se envolveu com uma das suas paroquianas, uma mulher casada, mãe de filhos. Quando os outros fiéis descobriram o romance, foi um escândalo, inclusive com ameaças de morte por parte do marido enganado. O padre, então, decidiu largar a batina para assumir a paixão da sua vida. A mulher, no entanto, revelou possuir um caráter duvidoso, e preferiu ficar ao lado do esposo, que acabava sempre perdoando as suas traições. E olha que foram muitas, sendo padre apenas mais uma. Daí pra diante, a descrença, o descrédito, o álcool, a desilusão, e restando-lhe apenas a leitura diária da *Bíblia* como ultimo consolo.

Lúcia Helena, viúva, decidida a socorrer o Louco, ofereceu um quartinho, lá nos fundos da sua casa, para moradia dele. Ele aceitou. A convivência foi tornando-os cada vez mais amigos, cada vez mais próximos, cada vez mais íntimos, cada vez mais apaixonados, e casaram. Isso foi há 18 anos. Vivem felizes, ao lado dos seus dois filhos, um rapaz e uma moça, e ninguém mais se lembra do Louco, que era ofendido e humilhado pelas ruas de São Gonçalo.

Na Igreja que frequentam, Lúcia e o marido são queridos e respeitados pelo trabalho que hoje executam em defesa dos mais carentes, e pela imensa fé que depositam no menino Jesus.

Por isso, Lúcia, para você e para o seu marido, que um dia chamaram de "O Louco da Bíblia", a minha amizade, a minha gratidão por esta história de amor, fé e esperança, e este meu singelo **BOM DIA**.

6. Viagem

AOS SEIS ANOS DE IDADE, Marianinha era pura energia, que ela extravasava logo nas primeiras horas da manhã, ao despertar e correr para o quarto dos pais, saltando para a cama do casal, caindo do voo diretamente nos braços da mãe.

O pai, ainda não recuperado do cansaço, por causa de mais uma noite mal dormida, invariavelmente resmungava alguma coisa que ninguém entendia, virava-se para o outro lado, puxava o lençol até a altura do queixo, fechava os olhos e se esforçava para tentar dormir um pouquinho mais, antes de o despertador disparar o seu aviso estridente de que era chegada a hora de se levantar para enfrentar mais um dia duro de trabalho.

Mãe e filha iam diretamente do quarto para a cozinha, preparar o café, a quatro mãos, com Marianinha dispondo as xícaras, faquinhas e colherinhas sobre a mesa, pegando o pote de manteiga na geladeira, e sempre elogiando o cheirinho gostoso que vinha da cafeteira.

Mesa posta, o bule de vidro, quentinho, o leite fervido, mãe e filha disparavam em direção ao banheiro, para o banho matinal, as duas desafinando o "atirei o pau no gato" e outras cantigas de roda, dessas que ainda estão na memória da gente, mas que as pessoas não cantam mais.

Marianinha vestia o seu uniforme, feliz e orgulhosa de ir para a escolinha, enquanto a mãe lhe penteava os cabelos castanhos, que brilhavam sob a luz do sol. O pai, a barba ainda por fazer, cabelos desgrenhados, esperava por elas, sentado, rosto apoiado na palma da mão, cotovelo sobre a mesa, com o bafo da noite no seu hálito pesado.

Terminado o café, a mãe acompanhava Marianinha até o portão, para confiá-la à motorista que a levava e trazia todos os dias da escola, sempre na hora certa.

No fim do dia, Marianinha ia da escola para a casa da avó, onde a mãe passava depois do trabalho para buscá-la e irem, juntas, para a casa da família. E a chegada da mãe era sempre uma festa, com as duas se abraçando, se beijando, trocando palavras de carinho e de amor verdadeiro. Era a rotina de uma família feliz.

Uma noite, cansada de tanto esperar, a menininha acabou adormecendo e a amanheceu na casa da avó. Era a primeira vez que isso acontecia. Marianinha não gostou. Sentiu-se abandonada e esquecida pela mãe, que não se tivera sequer a preocupação de avisá-la de que não a buscaria na casa da avó. Pior: ao despertar, sentiu-se perdida, deslocada, sem saber o que fazer, porque não poderia correr até o quarto, pular na cama dos pais e pousar nos braços, sempre abertos para recebê-la, da mãe.

A casa da avó estava no mais completo silêncio, e Marianinha, assustada, abriu o mais escandaloso e barulhento berreiro. A avó veio em seu socorro, docemente preocupada, tentando acalmar a netinha.

— Cadê mamãe? Cadê a minha mãe? — a garotinha perguntava, com a voz entrecortada pelos soluços e o rostinho banhado em lágrimas.

— Ah, mamãe teve um probleminha, lá no trabalho dela, mas já vem te buscar, meu anjinho — disse a avó.

Naquele dia, Marianinha não foi à escola, passou as horas na frente da televisão, amuada e sem apetite, sem entender a razão do entra e sai de gente na casa da avó, e sem compreender por que as pessoas lhe olhavam com ar de piedade, como se ela fosse uma coitadinha.

Mais uma noite passou e a mãe não pareceu para buscá-la. Ficou na casa da avó durante mais de um mês, invadida por uma saudade imensa. Sentia falta da mãe. Sentia falta do cheiro da mãe. Sentia falta da voz da mãe. Sentia falta do risinho ritmado da mãe. Sentia falta de explicações que a convencessem a acreditar que "a mamãe logo, logo vem te buscar", como o pai e a avó prometiam, mas não acontecia.

Marianinha queria voltar para a sua casa, para o seu quartinho, as suas coisinhas, porque alimentava a esperança de que, lá, a mãe estaria esperando por ela, para abraçá-la nas manhãs, para fazerem juntas o café e tomarem juntas a chuveirada que faz despertar de vez. Tanto insistiu que o pai não teve alternativa, foi buscá-la. Ao chegar à casa, a decepção: a mãe não estava lá, esperando por ela, como ela imaginava que aconteceria. Segurou as lágrimas. Impediu o choro, mas não conseguiu a conter a tristeza que ia no seu coraçãozinho.

— Papai do céu, onde está a minha mãezinha? — Marianinha cobrava de Deus, em oração, noite após noite, uma resposta que não vinha.

O tempo passou. Os dias voaram. Nunca mais Marianinha falou da mãe, que há três anos desaparecera da sua vida, sem um adeus.

O pai já tem outra mulher, jogou fora os perfumes, as roupas, os livros, os CDs, tudo o que era da mãe de Marianinha, menos um retrato em que Marianinha e a mãe estão abraçadas, dentro de um pedalinho em forma de cisne, numa fotografia tirada numa linda manhã de sol, quando as duas passeavam no laguinho da Quinta da Boa Vista.

Mas, a madrasta, há coisa de dez dias, quis atirar a foto no lixo.

Marianinha se rebelou. Disse que aquela era a única lembrança que lhe restava do rosto da mãe. A madrasta argumentou que "ela te abandonou, garota, para com isso, tua mãe não te amava". Fora de controle, apesar de miudinha, magrinha, Marianinha partiu para cima da madrasta, que lhe aplicou uma surra daquelas.

Quando o seu pai chegou, de volta do trabalho, Marianinha correu até o portão, para contar-lhe, antes da madrasta, toda a verdade sobre o que havia acontecido. Para surpresa de Marianinha, o pai a segurou pelos ombros, olhou nos seus olhos e disparou:

— Morreu, filha! A tua mãe morreu, filha! — ele disse.

Marianinha perdeu a voz. Marianinha perdeu a cor. Soltou-se das mãos do pai e correu para o seu quarto. Foi seguida pelo pai, que finalmente havia decidido contar toda a verdade.

Disse que a mãe de Marianinha havia sido assassinada durante um assalto, ao sair do trabalho, mas que ele preferiu poupar a filha, até porque não sabia como lhe contar essa tragédia. Disse que preferiu esperar que Marianinha crescesse mais um pouco, até que estivesse mais madura para suportar uma notícia assim. Pediu desculpas. Reconheceu que errou ao agir dessa forma, porque prolongou, estupidamente, o sofrimento da filha. Arrependido, também reconheceu que escolhera mal a sua nova companheira, e tratou de mandá-la embora.

Marianinha, o pai e uma saudade que parece eterna habitam aquela casinha simples, de caramboleira no quintal, em Campo Grande. São felizes, um cuida do outro, se respeitam e se amam, entendendo que a verdade, por mais dolorosa que seja, sempre doerá menos do que a mentira.

Para Marianinha e para o seu pai, que todo dia aprende com a filha, o meu carinho, a minha amizade e este **BOM DIA**.

7. Omissões

À SAÍDA DO CINEMA, EMOCIONADAS com o filme que acabaram de assistir, Vivian e Margareth conversavam sobre a beleza do galã, a simpatia da mocinha e as cenas que apenas insinuavam, mas que nem por isso eram menos excitantes, amor e sexo. Vivian, sempre mais emotiva, confessou que foi às lágrimas "naquela hora em que a personagem principal descobriu a doença do homem da sua vida".

Todo filmado no Canadá, os ambientes repletos de rios cristalinos, árvores floridas, gelo, neve e bichinhos também chamaram a atenção das amigas, além da decoração das casas e as roupas bem transadas de todos os personagens.

Margareth gostou tanto do corte de cabelo de uma das meninas do filme que até se decidiu a fazer o mesmo na sua cabeça, para espanto de Vivian, que riu e disse, sem constrangimento, que aquele penteado só fica legal no cinema, "na vida real é um mico".

Rindo muito, as duas foram até o estacionamento e aí se deram conta de como já era tarde e ficaram preocupadas.

— Vivian, a essa hora e a gente ainda tem que encarar a Linha Vermelha, acho perigoso — disse Margareth.

— Que nada, amiga, a gente encara a Avenida Brasil, com fé em Deus e pé na tábua — responde Vivian, virando a chave na ignição do seu velho carrinho um ponto zero, dando partida no veículo ao mesmo tempo em que ligava o rádio, bem baixinho, sintonizado na sua emissora preferida, em que o locutor anunciava músicas românticas "de ontem, de hoje, de sempre".

Passava um pouquinho da meia-noite quando, na altura de Guadalupe, Vivian sentiu a direção ficar mais pesada do que o normal. Sem espanto, fez o aviso a Margareth:

— Xi, vamos ter que dar uma paradinha, acho que o pneu furou.

— Ah, não! Ninguém merece! A uma hora dessas, eu cansadíssima, fala sério — Margareth resmungou, mais por medo do que por insatisfação com a situação.

O carrinho, parado no acostamento, e duas mulheres jovens e bonitas tentando resolver um problema que, para elas, parecia incontornável, "porque esse negócio de trocar pneu furado não é pra mulher", como afirmou Margareth.

Suando por todos os poros, as mãos sujas de óleo e graxa, descabeladas, as duas estavam no maior sufoco, quando um jipão, com quatro homens dentro, parou ao lado e um deles ofereceu ajuda.

As amigas não pensaram duas vezes, e aceitaram, até porque os rapazes pareciam gente boa, estavam bem vestidos.

Começou ali, naquele instante, o maior drama da vida das amigas Vivian e Margareth. Arrastada para dentro do jipão, uma; atirada no banco traseiro do carrinho, a outra. Foram abusadas e violentadas, diversa vezes, às margens da Avenida Brasil, num ponto muito movimentado, com os quatro homens fazendo rodízio, dois de cada vez para cada uma das mulheres. Foram horas de muita dor, de muito sofrimento, de muita humilhação, sem que ninguém aparecesse para oferecer socorro.

Ao fim de tudo, os marginais foram embora sem trocar o pneu furado, deixando as duas mulheres traumatizadas, cheias de hematomas e sangrando nos seus órgãos genitais. A polícia só apareceu quando um novo dia estava amanhecendo, e os curiosos foram parando os seus carros na esperança de tentar ver o que estava acontecendo.

A delegada quis saber como eram os estupradores. Vivian e Margareth não sabiam dizer. A delegada quis saber qual era o carro que eles usavam. As duas amigas sabiam, apenas, que era um carrão. "Qual a marca? Qual a cor?", quis saber a delegada, e Vivian e Margareth caíram num choro incontrolável.

O tempo passou. Vivian e Margareth evitam conversar sobre o assunto que até hoje, quase seis anos depois, continua um mistério, tanto para elas coma também para as autoridades policiais, que nunca mais deram notícias, nunca mais procuraram pelas duas amigas, como se tivessem esquecido a violência que elas sofreram, vítimas da insegurança que marca o Rio de Janeiro.

O namorado de Vivian preferiu terminar, alegando que não tinha como perdoar a ida da garota ao cinema com uma amiga, sem que ele tivesse sido avisado.

O noivo de Margareth, intolerante, tirou a aliança do dedo, dizendo que a sua noiva, depois do acontecido, se tornou uma mulher complicada, problemática, difícil de ser agradada, uma neurótica.

Vivian e Margareth, porém, continuam unidas, na sua esperança de que a justiça seja feita, e acreditando que com a ajuda de uma médica psiquiatra logo conseguirão superar e esquecer a mais traumática de todas as experiências que uma mulher pode viver.

As sessões de cinema acabaram, e a vida real tem se mostrado mais cruel do que a mais sangrenta violência exibida nas telas do cinema e nos filmes da TV.

É difícil viver num lugar assim, onde a polícia não apura e a Justiça, em consequência, não pode punir.

Torcendo para que não desistam da luta pelos seus direitos e pela sua dignidade, para Vivian e para Margareth, que têm nomes de batismo diferentes desses, a minha solidariedade, o meu estímulo e este **BOM DIA**.

8. Servidores

COMO FAZIA TODAS AS MANHÃS, dona Lílian acompanhou o marido até o portão da casa, aproveitando os poucos minutos que antecedem à despedida para colocar a conversa em dia, contar coisas dos garotos, os dois filhos do casal, tão apegados ao pai.

— Olha, Eduardo, por favor não esqueça de calçar as botas e as luvas — ela recomendava, sempre.

— Deixa comigo, Lilian, deixa comigo. Não quero me machucar. Ainda quero aproveitar a vida ao seu lado e ao lado das crianças — ele sempre respondia.

Um abraço apertado, um beijo rápido, porém apaixonado, e lá ia o Eduardo, operário orgulhoso e feliz com o seu trabalho e com a sua família.

Dona Lílian não entrava em casa antes de vê-lo dobrar a esquina, acenando o "até logo".

Os meninos, o mais velho com quatro anos, e o mais novinho com apenas um ano e oito meses, apesar da rotina diária, ainda não estavam acostumados com a ausência do pai, e sempre choravam nesta hora do "até breve" a cada manhã. Dona Lílian tratava de acalmá-los, preparando-os para a creche e para a escolinha, onde passavam o dia com outros meninos e meninas e aprendiam a arte da convivência em grupo, respeitando os limites do outro, mas também sabendo defender os seus próprios direitos.

Apesar do trânsito complicado da cidade do Rio de Janeiro, especialmente de Botafogo, bairro em que trabalha numa obra, na construção de um prédio, Eduardo chegou bem na hora, compenetrado, responsável, mas simpático com os colegas e os chefes. Correu para o vestiário, vestiu o macacão e já ia pegar no batente quando se lembrou das recomendações de sua mulher, e chegou a ouvir a voz de Lílian lhe soprando no ouvido para que não esquecesse do macacão e da bota, do seu equipamento de segurança, para evitar acidentes.

Concentrado na sua atividade, Eduardo, com as mãos calejadas e coberto de pó de tijolo e cimento, de repente, sentiu um impacto violentíssimo, uma pancada fortíssima, no alto da sua cabeça. Ficou tonto. Não sabia o que estava acontecendo. E só começou a compreender o seu drama quando os companheiros de trabalho, apavorados, cobriram os olhos com as mãos não querendo ver a tragédia que se anunciava. Eram homens acostumados à dureza da vida, mas que diante da dor se transformaram em meninos amedrontados.

Um vergalhão de dois metros de comprimento havia despencado do quinto andar do prédio em obras, viajou de ponta em direção ao solo e, no meio do caminho, encontrou a cabeça de Eduardo, perfurando o seu capacete, vazando o seu crânio, e ficando preso com uma das suas extremidades entre os olhos de Eduardo. Foi um impacto equivalente a pouco mais de trezentos quilos. A cena era horrível. A morte parecia iminente.

Alguém teve autocontrole e presença de espírito e ligou para os bombeiros, que chegaram e cortaram um pedaço do vergalhão e trataram de levar Eduardo para o hospital Miguel Couto, para a emergência, onde o plantão do neurocirurgião, doutor Ivan Santana, estava apenas começando. Com trinta e cinco anos de experiência, o doutor Ivan chamou o chefe da neurocirurgia, doutor Ruy Monteiro, e os dois médicos começaram a estudar a melhor forma para fazer a operação para a retirada do vergalhão.

A cirurgia demorou pouco mais do que cinco horas. E doutor Ivan conta:

— O momento mais delicado foi o da retirada do vergalhão. Nós escovamos o couro cabeludo do Eduardo e o pedaço de ferro que estava na entrada do ferimento, para evitar que qualquer poeira entrasse e provocasse uma infecção no cérebro. O perigo agora era o rapaz contrair uma infecção.

Já o doutor Ruy, há dezenove anos trabalhando no Miguel Couto, há quatro como chefe da neurocirurgia, evitava que a imprensa caísse na tentação de transformá-lo em herói, e falou da importância da equipe, que deve estar bem preparada para enfrentar qualquer situação.

Ao receber a visita da mulher pela primeira vez, desde o acidente e desde a sua internação, Eduardo tranquilizou dona Lílian, dizendo que estava bem, que estava com saudade de ficar com ela e com as crianças, e milagrosamente não apresentou nenhuma sequela. Mesmo assim, dona Lílian chorou muito, e pediu a Deus para que preserve o seu marido, um homem de apenas 24 anos.

Agora, o Conselho Regional de Engenharia, o CREA, vai investigar e apurar as causas e as responsabilidades pelo ocorrido, e a Secretaria Municipal de Saúde informa que o estado de saúde do rapaz é estável, que ele está sendo medicado com antibióticos e que deve deixar a CTI na manhã deste domingo, se Deus quiser.

Quanto a mim, de minha parte, na condição de cidadão e de observador e crítico das coisas boas e ruins que acontecem neste nosso Rio de Janeiro, é com alegria, gratidão e esperança que abraço a todos os médicos e enfermeiros, todos os servidores que atendem o público nos hospitais da rede municipal de saúde. Abraço, especialmente, os doutores Ivan Santana e Ruy Monteiro, que há trinta e cinco anos, o primeiro, e há dezenove anos, o segundo, usam as suas mãos, a sua sensibilidade e a sua inteligência em defesa da vida da gente carioca.

Para eles, com o meu reconhecimento e a minha admiração, que devem ser comuns a todo um povo que sabe das mazelas da saúde pública em todo o país, este modesto e sincero e profundamente agradecido **BOM DIA**.

9. Mamãe

O MENINO CHORA BAIXINHO, um chorinho de criança quando sente dor, mas que não sabe ainda dizer onde e o tanto que dói.

O pai, no limite da sua paciência, cobre a cabeça com o travesseiro, na vã tentativa de não mais ouvir o choro persistente do filho.

Irritado, levanta-se. Vai para a sala, tentar dormir sobre o tapete colorido, comprado especialmente para dar conforto ao garoto, quando ele ainda estava para nascer.

A mãe, cansada, olheiras profundas, vai até à beira do berço, curva-se sobre a grade que protege o bebê e, na volta, traz nos braços o filhinho que arde em febre.

Na esperança de aliviar o menino do mal que o aflige, beija-lhe a testa em brasa e oferece-lhe o seio, intumescido pelo leite que ele se recusa a sugar, e que vaza pelos bicos, molhando a camiseta de algodão que ela veste para dormir.

Na penumbra do novo dia que amanhece, a mãe canta, baixinho, cantigas de ninar, "é tão tarde, a noite já vem/Os anjinhos foram se deitar/Mamãezinha precisa descansar/Boi, boi, boi da cara preta ".

A voz suave e o amor que embalam a canção despertam a atenção do menininho, que interrompe o choro para ver melhor o rosto triste da mãe.

Mas, as lágrimas logo voltam, por causa da dor que teima em punir alguém assim tão inocente, ainda tão sem pecado.

A mulher, sempre com a criança no colo, vai até o banheiro. Abre o armário que fica atrás do espelho e procura o remédio que ajuda a baixar a febre.

Pílula para dormir. Gotas contra a prisão de ventre. Pomada para picada de mosquito. Xarope contra a tosse. Droga à base de maracujá, para acalmar. Cotonetes. Algodão. Antigripais diversos. *Band aid* coloridinho.

Mamãe

Cadê o remedinho para baixar a febre?

Se o antitérmico não está atrás do espelho, só pode estar na caixinha de sapato que fica embaixo da pia. Mexe. Remexe. Vira. Revira. Nada. A mãe não encontra o remedinho para socorrer o filho.

Ela sente nas mãos que a temperatura do menino está subindo, e que o seu corpinho vai ficando cada vez mais quente.

Talvez por não lhe restarem outros recursos, talvez por desespero ou medo, ela se lembra que ouviu, num programa de rádio, que banho frio ajuda a diminuir a febre.

Ela entra no box, abre a torneira e se deixar molhar, juntamente com o filho, pela água que desce do chuveiro.

O marido desperta do seu sono agitado, estranha o barulho da água que bate no ladrilho e escorre pelo ralo e, assustado, encontra a sua mulher sentada no chão, beijando a cabecinha molhada do bebê.

— O que é isso, mulher? Ficou maluca? — ele pergunta.

Enfraquecida pela noite mal dormida, ela explica o que estava fazendo ali, e abre um sorriso, ao dizer que a febre da criança havia passado.

O homem estende a mão para ajudá-la a sair debaixo do chuveiro e, com um abraço apertado e carinhoso, envolve-a e ao filho numa toalha seca.

A camisinha azul, de manguinha comprida, com o desenho de um ursinho bordado no peito, agora veste o menino, que dorme como se nada tivesse acontecido.

Pai e mãe conversam. Um dos dois teria que faltar ao trabalho, para levar o filhinho ao médico.

— Não se preocupe, querido. Eu levo o Celsinho ao pediatra. A minha patroa é legal, não vai descontar o meu dia. Vai. Vai trabalhar. Vai com Deus. Vai em paz.

Bom dia, pai

E ele vai confiante, porque sabe que o seu filho está protegido pelo amor da mamãe, mulher generosa, abnegada, aparentemente tão frágil, mas que se transforma em uma verdadeira leoa na hora de defender a sua cria.

O problema todo era uma infecçãozinha no ouvido, logo debelada.

Noites assim, como aquela, se repetiram ao longo da vida: uma vez por causa de um dentinho que nascia; outra, por causa de uma dorzinha de barriga; e outras e outras mais, por tantas outras razões.

Celsinho cresceu, e sempre deu trabalho e causou preocupações. Dos livros, queria distância, porque sonhava se tornar o guitarrista de uma famosa banda de roque. A mãe, porém, jamais se deu por vencida, insistindo para que o filho não abandonasse os estudos.

Para agradar à mãe, que com dificuldade pagou pesadas mensalidades a uma faculdade particular, ele se formou. Direito. Ele é advogado. Mas nunca fez a prova da OAB, para poder exercer a profissão, preferindo a música e trabalhando em outra atividade que não oferece perspectivas, não tem futuro.

— Me formei só pra agradar à minha mãe — ele diz, acreditando que assim fez o melhor por ela, que fica feliz e orgulhosa pelo filho.

Tolo.

Ele não sabe, como muitos outros filhos também demoram a saber, que a felicidade da mãe é ensinar os filhos a fazer o melhor a si mesmos, preparando-os para que enfrentem as muitas adversidades da vida, porque não é para sempre que elas poderão carregá-los nos braços.

Pra você, mamãe, para todas as mamães, especialmente para Rose, a mãe dos meus filhos, a quem amo e com quem aprendi a amar — este meu agradecido e carinhoso **BOM DIA**.

10. Amigos

O SÁBADO AMANHECEU debaixo do mais violento temporal e com as nuvens bastante pesadas, imóveis no cinza do céu, escurecendo ainda mais o quarto de Damasceno que, de há muito acordado, apenas esperava, deitado, o toque do despertador.

Às seis da manhã, Damasceno pulou da cama, espantado com o barulho da água que transbordava pela calha da casa e descia numa enxurrada veloz em direção ao quintal. De pé, ele foi até a janela, esmagou o nariz contra a vidraça e olhou para a rua, onde a correnteza, como se fosse um rio, arrastava grandes sacos pretos, cheios de lixo da vizinhança, entornando restos de comida, embalagens de papelão e outras porcarias mais que entupiam os ralos e destampavam bueiros. As folhas e os galhos das árvores flutuavam velozes, descendo a avenida.

Ainda deitada, vendo que o marido não se afastava da janela, a mulher de Damasceno fez um apelo.

— Querido, ainda é cedo. É sábado, vem dormir mais um pouquinho comigo, vem — ela disse.

Damasceno pareceu não ouvir, e continuou parado, agora observando os automóveis, que por ali passavam com muita dificuldade — e cuidadosamente — com água acima da metade das rodas.

Sem dizer uma palavra, Damasceno pegou a mochila, que estava preparada deste a noite anterior, e foi para a cozinha. Colocou água e pó no filtro de papel da cafeteira, abriu a geladeira, pegou a manteiga, abriu um pacote de biscoitos de água e sal, deslizou a faca para lá e para cá, e ficou mastigando enquanto esperava a água ferver.

Jandira, mulher de Damasceno, só de calcinha e uma camisetinha bem justinha, foi atrás dele. Ainda sonolenta, muito descabelada, parou à porta da copa e ficou observando o marido durante alguns segundos, sem que fosse por ele notada.

Bom dia, pai

— Damasceno, meu amor, não me diga que você vai jogar pelada com um tempo desses — ela questionou, com a voz ainda rouca de quem acaba de despertar.

— Pô, Jandira, nunca faltei às minhas peladas. Você sabe, o sábado pra mim é sagrado, é dia jogar bola com a rapaziada — ele respondeu.

Jandira envolveu o marido com um abraço, colou bem o seu corpo ao dele, beijando-lhe a orelha, o pescoço, a boca, mas foi rejeitada por Damasceno que, indelicadamente e sem a menor cerimônia, a afastou para o lado, pedindo passagem, para encher de café, até a boca, o copo de vidro. Bebeu um pequeno gole, largando todo o resto em cima da pia.

Jandira argumentou que estava chovendo demais, que ele seria o único a ir para o campinho de bola, que só maluco sairia de casa num dia como aquele. Damasceno explicou que as camisas do time e a bola estavam com ele, que ele tinha que ir, que era um compromisso moral com a galera, e foi, saindo pela porta da frente e ainda ouvindo Jandira se queixar de que estavam em lua de mel, que estavam casados há pouco mais de um mês e que o sexo é importante nessa fase da vida do casal. Ele ligou o motor do carro e partiu, com as rodas atirando a água para os lados e formando ondas que se espraiavam sobre as calçadas, chocando-se contra os muros das casas.

No campinho, Damasceno encontrou-se só. Ninguém mais havia chegado. Mas, decidiu esperar, porque a turma era toda de fominhas de bola, gente capaz de vestir a camisa e entrar em campo mesmo ardendo em febre, como tantas vezes fizeram vários dos seus companheiros.

A chuva não parava de cair, agora mais leve. O campo, totalmente alagado, estava impraticável, e Damasceno já se preparava para voltar para casa, arrependido de ter deixado Jandira seminua, quando Roberto chegou.

Os dois amigos decidiram esperar pelos demais e pediram uma cerveja, depois outra, outra e mais outra, e nada de ninguém mais aparecer. Foi quando Roberto fez o alerta:

— Damasceno, sou seu maior amigo, não posso te esconder nada, abre o olho, a Jandira está te corneando — ele disse, direto, sem meias palavras.

Damasceno pensou que fosse uma brincadeira, mas Roberto fez ar sério e insistiu no assunto, afirmando que jamais brincaria com uma coisa dessas. Damasceno quis talhes. Quis saber quem era o outro, como o outro era, onde o outro e Jandira se encontravam, mas Roberto selou os lábios e disse que mais nada poderia revelar, que Damasceno teria que descobrir toda aquela sem-vergonhice da mulher dele por conta própria.

Desde então, e lá se vão seis meses, Damasceno tem tentado flagrar a mulher com outro homem. Até o momento, no entanto, não conseguiu confirmar as traições de Jandira, que se mostra a cada dia mais amiga, mais carinhosa, meiga e sedenta de amor e sexo.

Daí que Damasceno começa a duvidar das palavras de Roberto, que continua sendo o seu melhor amigo e confidente e que se diz capaz de apostar a própria vida na certeza de que Jandira tem, sim, outro homem.

Damasceno nada esconde de Roberto, e planeja com o amigo mil formas de pegar Jandira com a boca na botija. Mas, os planos nunca dão certo. Jandira nunca falha. Até fingir que viajou para Belo Horizonte, para poder ficar escondido atrás de uma árvore, em frente de casa, à noite inteira, vigiando e tomando conta, até isso Damasceno já fez, sempre na companhia do inseparável amigo Roberto, que já está desesperado, sentindo-se o pior dos canalhas, por fazer uma coisa dessas com o seu melhor amigo.

Ao revelar que Jandira tem outro homem, faltou a Roberto a coragem de dizer que o outro é ele. Sim, é ele. A sua esperança era que o amigo descobrisse por conta própria e perdoasse a sua baixa e terrível deslealdade. Agora, corroído pelo remorso, está cada vez mais convencido de que deve se apresentar de peito aberto, abrir o verbo para Damasceno, confessar que "sou eu, sou eu, o outro na vida de Jandira sou eu".

Roberto não quer perder a amizade de Damasceno. Roberto não quer perder o amor de Jandira. Roberto não quer perder o seu time de

Bom dia, pai

pelada, que se reúne sempre aos sábados, faça chuva ou faça sol, para bater uma bolinha.

    Torcendo para que Roberto mude de bairro, mude de cidade, mude de amigos e de trabalho, antes que a tragédia se abata sobre a sua vida, para ele este meu desconcertado **BOM DIA.**

11. Leituras

OS LIVROS SEMPRE FORAM a maior fonte de alegria e diversão para Alcina, que através da literatura se informava, se emocionava, ampliava as suas ideias e alargava o seu horizonte.

Se os romances a faziam chorar, com as suas inspiradas tramas de amor, encontros e desencontros, as histórias de ficção científica a faziam viajar até um futuro distante, prevendo um planeta destruído pela poluição, com a extinção de toda a vegetação, os rios e os mares secando, a natureza perdendo os seus espaços para edifícios gigantescos, monumentais construções de cimento e ferro, com as suas torres pretensiosamente apontadas para o céu, novas babéis a serem jogadas ao chão no dia em que novamente for despertada a fúria divina.

Em casa, os livros estavam em todas as partes, sobre as mesas, nas prateleiras, nos aparadores, na cabeceira da cama, e lhe faziam companhia, afastando a solidão.

Machado de Assis, Eça de Queirós, Guimarães Rosa, Rubem Fonseca, Moacyr Scliar, Carlos Drummond de Andrade, Dinah Silveira de Queirós, Fernando Pessoa, Rachel de Queirós, Agatha Christie, Cecília Meirelles, Lima Barreto, Nelson Rodrigues, Neruda, Mário Vargas Llosa. A relação de autores preferidos de Alcina é extensa, quase interminável.

Solteira e filha única de pais há muito já morreram, Alcina se sonhou Cinderela, Gata Borralheira, Julieta, Isolda, e todas as heroínas e vilãs que vivem nas páginas dos livros; e graças às suas fantasias, nunca se disse infeliz, jamais foi vista se queixando da sorte ou lamentando as agruras da vida.

No trabalho, um escritório especializado em importação e exportação, Alcina era quem socorria os colegas, indicando livros, filmes, peças teatrais, além de explicar o significado das palavras e orientar sobre a forma correta de pronunciá-las, escrevê-las, zelando pela ortografia. "Xícara é com X ou é com CH", alguém pergunta. E Alcina dá a resposta certa. "Atraso é com S ou é com Z", outro mais quer saber. E, mais uma vez, Alcina tem a resposta na ponta da língua.

Até que um dia, no consultório do oftalmologista...

— Tem certeza, doutor? Não pode haver um engano? — Alcina interroga o médico.

— Certeza absoluta, dona Alcina — o doutor foi enfático. — É glaucoma — ele concluiu.

Ao ouvir a confirmação, o corpo inteiro de Alcina tremeu, e uma lágrima escapou dos seus olhos pretos. O que Alcina mais temia estava se tornando realidade: ela estava perdendo a visão, porque o glaucoma, acompanhado de outras complicações que afetavam as suas córneas, prenunciavam a cegueira inevitável.

O médico, embora comovido, com firmeza, fez o seu papel, sem esconder a verdade, revelando a Alcina a escuridão que por ela aguardava nos dias futuros.

Arrasada, saiu do consultório. Pela primeira vez, ao longo dos seus 59 anos, estava dolorida de amargura, os ombros curvados pela tristeza, o peso da infelicidade. Ao chegar à casa, abriu a porta devagar, deixando que a luz, que vinha fraca do corredor, entrasse primeiro, iluminando a sala pequena.

Alcina foi até ao armário em que guardava os seus livros preferidos, deslizou a ponta dos dedos pelas lombadas e chorou convulsivamente.

Seguindo as orientações do médico, se submeteu as cirurgias necessárias, aplicou os colírios receitados, trocou as lentes dos óculos, tudo para retardar a chegada das noites sem fim.

Na empresa, os chefes, os colegas, todos lamentaram a sorte de Alcina, que não tinha mais condições de trabalhar. E sem poder ler os seus livros e sem poder continuar trabalhando, sozinha no mundo, Alcina cogitou a possibilidade de dar um fim à sua própria vida, acabar com tudo, para não sofrer a humilhação de depender dos outros para realizar as tarefas mais simples, as mais elementares. Não teve coragem. E por covardia teve que continuar vivendo.

Contratou acompanhantes, mas não conseguia um que se adaptasse ao seu sistema de viver. Pior, não encontrava ninguém capaz de conversar sobre o assunto que ela mais amava, os livros, os romances, as histórias policiais. A solução foi buscar no rádio as vozes que lhe fizessem companhia, que lhe contassem as agitações do dia a dia e trouxessem as canções que embalam os corações daqueles que cantam e seus males espantam.

Começou a decifrar o braile e a se jogar no escuro, deixando-se guiar por uma bengala, caminhado nas trevas, treinando, praticando, para se tomar cada vez mais independente, dona de si mesma, como fora durante a vida inteira.

Numa tarde chuvosa, depois de demitir mais um acompanhante despreparado para a função, Alcina treinava o tato, tentando apurar a sensibilidade da ponta dos dedos na identificação das letrinhas desenhadas em pontinhos no papel, quando a campainha tocou. Foi atender. Era seu Waldemar, um antigo colega do trabalho. Surpresa, mas feliz pela visita inesperada, abriu a porta para recebê-lo, mandando-o entrar e ficar a vontade.

Seu Waldemar explicou que gostaria de ter vindo antes, que há muito estava planejando a visita, mas que precisava cuidar da papelada para se aposentar, e que o INSS faz tantas exigências que ele acabou sendo obrigado a retardar a passadinha pela casa da velha amiga.

— Olha, dona Alcina, eu tenho uma surpresa para a senhora — ele disse.

— Ah, que bom! E que surpresa é essa, seu Waldemar? — Alcina quis saber.

— É um livro do Saramago, que eu sei que a senhora adora — Waldemar explicou.

Sem jeito, encabulada, Alcina disse, baixinho:

Bom dia, pai

— Estou cega, seu Waldemar, para sempre, nunca mais vou ler, nunca mais — ela falou.

— Eu sei, dona Alcina — ele respondeu. — Mas é o mínimo que posso fazer pela senhora, em sinal de gratidão, porque foi a senhora quem teve o cuidado e a preocupação de me ensinar a ler e a escrever, quando eu cheguei ao Rio, vindo lá da Paraíba, mais analfabeto do que uma porta.

Emocionados, os dois se abraçaram, e desde então — e lá se vão quatro anos e meio — Dona Alcina e seu Waldemar se encontram todas as tardes, para deliciosas sessões de leitura, ao som da voz de seu Waldemar, que se tornou um leitor inigualável, especialmente dos poemas de Hilda Hilst, como este, o preferido de dona Alcina:

"Não há silêncio bastante para o meu silêncio/Nas prisões e nos conventos/Nas igrejas e na noite/Não há silêncio bastante para o meu silêncio/Os amantes no quarto/Os ratos no muro/A menina nos longos corredores do colégio/Todos os cães perdidos pelos quais tenho sofrido/ Quero que todos saibam: o meu silêncio é maior do que toda solidão e que todo silêncio".

Para dona Alcina e seu Waldemar, que se unem todas as manhãs de domingo ao pé do rádio, para ouvir e comentar essas nossas crônicas, a minha admiração, o meu carinho, o meu agradecimento, pela lição de vida, e este **BOM DIA**.

12. Virgem

NAS RODAS DE AMIGOS, Silvério abria o verbo e não escondia as suas preferências:

— Virgem! Pra casar comigo, a mulher tem que ser virgem!

Os amigos, especialmente as mulheres, ficavam indignados com Silvério, e a noite, invariavelmente, terminava em acalorada discussão por causa dele.

As meninas não se conformavam, porque ele era um bom partido; além de bonito, alto, forte e cabelos dourados, dono de lindos olhos azuis, Silvério também era rico, tinha um bom emprego, dinheiro no banco, um bom apartamento no ponto mais nobre da Tijuca e um belo automóvel importado, zero quilômetro.

Em casa, filho único, era paparicado pelos pais, especialmente pela mãe, que não queria ver o filho casado, longe da roda da sua saia. Os velhos davam a maior força a Silverinho.

— É isso mesmo, filho. Tem que ficar esperto. Nada de cair na lábia dessas vigaristas — a mãe estimulava.

No escritório em que Silvério trabalhava, as mulheres suspiravam ao vê-lo chegar, sempre bem penteado, gravata do mais alto bom gosto, camisa branca e terno azul-marinho. Ele era o sonho de consumo das solteiras, e das casadas também, por que não dizer? E quase todas já haviam dormido com ele, na esperança de conquistá-lo através do sexo fácil e sem regras, de tudo valendo um pouco entre as quatro paredes. Nenhuma delas, no entanto, conseguiu o bis de Silvério, que usa as suas companheiras apenas uma vez, para depois descartá-las.

— Apenas a virgem terá de mim o prazer do sexo por toda a vida — Silverinho dizia, peito estufado, cheio de orgulho, os olhos brilhantes de convicção.

Bom dia, pai

Arcaico. Quadrado. Besta. Homem das cavernas. Troglodita. Ogro. Pelas costas, Silverinho era tratado de várias formas pelos colegas, que não perdoavam a sua obsessão.

Foi a sim até o dia em que Denise, morena, seios pequenos e redondos, bumbum empinadinho, atravessou a porta do escritório em busca de um estágio. Aos 19 aninhos, era um pedaço de mau caminho, como diziam os mais antigos. E os homens e mulheres viraram o pescoço para ver melhor aquela maravilha da natureza. Silvério, ao encarar a menina, engoliu em seco, e pensou, lá com os seus botões: "Essa é virgem, essa é virgem". Respirou fundo e garante que foi capaz de identificar, naquele instante, o odor da pureza, o aroma da virgindade. Num impulso, levantou-se e foi recepcionar a moça, quase atropelando a secretária que tinha a função de receber os visitantes do escritório.

— Bom dia. A senhorita é a Denise, a nossa estagiária, futura brilhante advogada? — ele quis saber, sendo o mais simpático e sedutor possível.

Denise disse que sim, confirmou que estava ali na esperança de conseguir um estágio num bom escritório de advocacia, admitiu que ainda era muito verdinha, que tinha muito o que evoluir, mas que tinha força de vontade e garra para aprender.

Todos notaram, e o assunto não era outro, na hora do almoço, entre o pessoal do escritório. A turma comentava a beleza da garota, a sua desenvoltura. As mulheres ficaram abismadas com o comportamento de Silvério, que ficou de boca aberta olhando para Denise, quase babando na gravata: "Só faltou babar! Só faltou babar", resmungou uma mais ciumenta.

Nas rodinhas de fofoca, aconteceu o inevitável. Denise, a estagiária, era ou não era virgem? Apostas foram feitas. As mulheres, na sua maioria, apostavam que a menina de carinha de anjo era rodada, pra lá de experiente, mas se fazia de santinha, para enganar os trouxas. Os homens, por sua vez, ficaram divididos: houve quem apostasse na devassidão de Denise e houve quem apostasse na sua inocência, na sua pureza,

Virgem

até porque o próprio Silvério também acreditava nisso, e ficava a cada dia mais apaixonado.

O namoro teve início. Resistiu a primeira semana. Resistiu o primeiro mês. E Denise e Silvério irradiavam felicidade. Era um sinal de que a garota era mesmo virgem, porque Silvério, depois de tanto tempo com ela, já a teria levado para a cama e feito sexo, mandando-a embora na manhã seguinte, como era hábito dele. Na verdade, bem que ele tentava:

— Quero ser o primeiro, o único e o último homem na sua vida — ele dizia, com a voz rouca dos apaixonados — Deixa eu te fazer mulher, Denise, deixa — ele pedia.

— Só depois de casar. Só depois de casar — Denise respondia, firme.

E o casamento foi marcado. A festa foi no salão alugado de um lindo clube da Barra da Tijuca.

Na lua de mel.

— Me xinga! Me bate! Vai, me bate! Palhaço! Frouxo! Me bate! — gritava Denise, a plenos pulmões, na sua primeira noite com Silvério que, temendo incomodar os demais hóspedes do hotel, não sabia como agir, assustado, espantado com o comportamento histérico da sua jovem mulher.

— Me morde! Na cara! Bate na cara, seu frouxo! Na cara! Bate! — Denise insistia, nua, alucinada de tarada paixão.

— Você não é virgem. Você mentiu pra mim. Você me enganou durante todo esse tempo — Silvério conseguiu dizer, cabeça baixa, sem coragem de olhar para Denise.

A lua de mel não se consumou. Denise continua afirmando que jamais se deitou com qualquer outro homem, mas Silvério não acredita e quer anular o casório. O grande problema é que ele não tem certeza se o que Denise diz é ou não é verdade, e ele tem medo de fazer sexo com ela, do jeito que ela pede, e gostar, apaixonando-se ainda mais.

Orgulhoso, não tem coragem de falar sobre o assunto com os amigos, porque morre de vergonha só de pensar em admitir que foi enganado.

Bom dia, pai

De Nelson Rodrigues ele leu que "toda mulher gosta de apanhar". Mas, com a mãe, a sua amada mãe, aprendeu, de tanto ouvi-la repetidas vezes dizer, "que em mulher não se bate nem com uma flor".

Na esperança de que Silvério caia em si e finalmente entenda que o mais importante nessa história — mais importante do que a virgindade, a tara ou devassidão — é o amor, para ele, o meu apoio e o meu mais puro voto de um **BOM DIA**.

13. Ampulheta

BORDADAS NA TOALHA BRANCA, as margaridinhas, de um amarelo ensolarado, permanecem vivas, tantos anos depois. Com delicadeza e arte, foram trabalhadas pelas mãos firmes e gentis de Maria José, que era uma menina, naquele tempo.

A toalha, hoje, mais uma vez, sairá da gaveta para enfeitar a mesa, como tem feito, nos últimos sessenta anos, nas ocasiões especiais, nos momentos marcantes da família.

Inicialmente, era apenas um pedaço de tecido branco, sem graça, sem cor, dado de presente à menina que acabara de ser pedida em casamento. Foi o talento da noiva que o transformou na peça bonita que atravessa as décadas, acompanhando-a por toda a vida.

A toalha de margaridinhas amarelas foi usada pela primeira vez para decorar a mesa farta da festa de casamento. Depois, na festa de batismo do primeiro filho, no batismo do segundo e terceiros meninos que Maria José deu à luz.

Nas festas de aniversário, nas festas de Natal e Ano Novo, nas festas de noivado e de casamento dos meninos, em todas as festas da família, lá estava a toalha, testemunhando e marcando os momentos felizes.

Maria José casou aos vinte anos de idade. Deu sorte. Deu amor. Recebeu amor. Foi feliz. Muito feliz. Os filhos, bons meninos, tornaram-se homens bons, e enchem a velha mamãe de orgulho.

Hoje, dona Maria José completa oitenta anos. A sua casa está de portas abertas para receber a família. Lá estarão os seus oito netos, dois bisnetos, as noras e dois dos seus filhos, porque ninguém vive oitenta anos sem sofrer perdas.

O marido morreu há quinze anos, vítima de um infarto fulminante. Deixou uma saudade inesgotável, que mais aumenta, e nunca diminui, a cada amanhecer. Para dona Maria José, no entanto, isso nunca foi um drama, uma tragédia, porque é assim a vida, com a inevitável morte no seu fim.

Ausente estará também o filho mais novo, perdido precocemente, há seis anos, num violento acidente automobilístico, numa noite chuvosa, na serra das Araras, na rodovia Presidente Dutra. Os filhos dele, graças a Deus, não faltarão.

São oitenta anos de uma vida que teve muitos momentos de felicidade, de alegres simplicidades, como o de dizer o "sim", na igreja lotada de amigos e parentes, lá no altar, ao homem que se fez amar e respeitar em todos os dias de uma vida a dois.

Momentos felizes como a descoberta da primeira gravidez, a expectativa para saber o sexo da criança, as especulações para a escolha do nome do menino ou da menina, que naquela época não era tão fácil saber qual seria o gênero do bebê, se masculino ou se feminino.

Os meninos, os três, eram tão diferentes entre eles que olhos estranhos não seriam capazes de identificá-los como irmãos. O mais velho, mandão, briguento. O do meio, caladão, tímido, desconfiado. O mais novo, o caçula, alegre, descontraído, brincalhão, sempre aprontando alguma. Todos, entretanto, agiram como toda e qualquer criança ao balbuciar e, por fim, pronunciar a primeira palavra: mãe, mamãe.

Todas as manhãs, uma correria, acordar os meninos, tirá-los da cama, preparar o café, fazer a mesa, levá-los, sonolentos e preguiçosos, para a escola; depois, à tarde, após o almoço, conferir as lições de casa, cobrar que fizessem os trabalhos escolares, para só depois deixá-los ir ao campinho jogar futebol, correr nas ruas, brincar de pique tá, pique bandeira, fosse o que fosse, porque para eles o importante era a correria, queimar energia, para retornar à casa cansados, fazer a merenda, tomar o banho e ir para a cama, dormir, preparando-se para o novo dia que virá.

Brigas e discussões, claro que existiam. Mas, eram coisinhas bobas, passageiras, nada que o pai, com respeito e autoridade carinhosa, não resolvesse com uma boa conversa.

Mais tarde, já rapazinhos, começaram a namorar, sofreram as ilusões do primeiro amor, choraram o término de paixões que supunham eternas, mas que se desfaziam por nada. E ela, a mãe, sempre ali, ao lado deles, dizendo-lhes palavras que confortavam e orientavam, sem ferir a esperança no futuro feliz que virá.

Dona Maria José acredita que está no fim da vida, que não tem mais tanto tempo assim para desfrutar da companhia da família. E hoje, na festa dos seus oitenta anos, dona Maria José quer se desfazer da toalha bordada com margaridinhas de um amarelo ensolarado. Quer dá-la de presente a um dos seus filhos ainda vivos. Só não sabe para qual deles dar este presente tão valioso, um presente que é a marca da sua história.

Na dúvida, pede a minha opinião, uma palavra que a ajude a decidir, porque os dois filhos fazem questão de ficar com a lembrança, com a toalha que enfeitou a mesa da festa do dia em que casaram, que enfeitou a mesa do dia em que batizaram os seus filhos, a toalha que marcou a felicidade da vida de toda aquela família.

Dona Maria José, minha amiga, desejando felicidade e saúde neste dia dos seus oitenta anos, confesso que eu fiquei tão fascinado por sua história que quase que peço sua toalha bordada com margaridinhas de um amarelo ensolarado para mim. É claro que não farei isso.

Quanto à doação da toalha, bordada pela senhora na sua juventude, tenho apenas uma sugestão: faça um sorteio. Coloque os nomes dos seus meninos em pedacinhos de papel, coloque-os num potinho e peça ao seu bisnetinho mais novinho para retirar um deles. Creio que seja o mais justo, sem criar constrangimentos.

Faça isso. E receba o meu carinho, a minha amizade, a minha admiração, e este **BOM DIA.**

14. Assalto

ROSANA OLHOU O RELÓGIO, preocupada. Eram dez horas da noite. "Meu Deus, é tão tarde", ela pensou, acreditando que o marido e os filhos compreenderiam a sua jornada tão longa de trabalho.

As horas extras eram indispensáveis para reforçar o orçamento doméstico, cada vez mais apertado pela conta de luz que não para de subir, pela tarifa absurda da água, os livros, os cadernos, a escola das crianças, o lanchinho da merenda.

Rosana arrumou as suas coisas sobre a mesa, guardou nas gavetas o que era preciso, vestiu o casaquinho azul, pegou a bolsa e se despediu dos colegas que preferiram continuar na empresa.

No elevador, ela era a única pessoa. Chegando à rua, Rosana percebeu que chovia. Abriu a sombrinha cor-de-rosa e apressou os passos em direção à Avenida Presidente Vargas, para pegar o seu ônibus, na Central do Brasil, em direção à Baixada Fluminense.

Rosana ficou mais de quarenta minutos no ponto, até que o ônibus chegou. Ela fez sinal. O coletivo parou. Rosana embarcou e viu que eram poucos os passageiros. Escolheu um banco junto à janela, porque ficar olhando a paisagem, por mais feia que seja, ajuda a diminuir o tempo de viagem.

Rosana estava tão cansada que, sem perceber, acabou adormecendo, e chegou a sonhar com a bicicleta que daria de presente de aniversário ao seu filho mais novo, o Bernardinho, que completaria oito aninhos dali a dez dias.

De repente, Rosana foi despertada pela voz forte de dois homens que, de arma em punho, anunciavam um assalto. Rosana foi acordada com um revólver apontado contra a sua cabeça, revólver que estava na mão de um terceiro ladrão, um garoto que não tinha mais do que treze anos de idade, branquinho, cabelos imitando o penteado dos jogadores de futebol, magrinho, mas de olhos frios, expressão de ódio.

Assalto

Diante das ameaças e do risco de levar um tiro, ninguém reagiu, todos abriam as suas bolsas e carteiras, entregando tudo, cartões, dinheiro, celulares, anéis, cordões, alianças.

Assustada, o coração aos pulos, Rosângela pensou na família, pensou nos filhos e, com o fio de voz que o resto de coragem lhe permitiu usar, fez um apelo.

— Por favor, por piedade, eu preciso demais do meu dinheirinho — ela disso.

— Dane-se. Passa tudo para cá, vadia — respondeu o pivete.

— Pelo amor de Deus. É aniversário do meu filho, Prometi dar uma bicicleta pra ele — Rosana insistiu.

O jovem ladrão sorriu cinicamente. Sorriu e encostou o cano do revólver na testa de Rosana, que fechou os olhos, esperando o pior, esperando o tiro fatal; e o medo era tanto que ela urinou nas calças.

Mas, para surpresa e sorte de Rosana, o homem que parecia ser o chefe do bando, gritou:

— Sai daí, moleque! Essa aí, não! Deixa ela aí, Mané, que essa aí é minha!

Ainda de olhos fechados, e com a ponta da arma fazendo pressão na sua cabeça, Rosana conseguiu pensar que, além de assaltada, seria também estuprada em cima do banco sujo de um ônibus que corta a Dutra em direção a Nova Iguaçu. Mentalmente, orou a Jesus Cristo, pedindo ajuda e proteção, rogando para que, já que a humilhação parecia inevitável, ao menos morresse sem sentir dor.

O pivete obedeceu ao comando do mais velho. E Rosana abriu os olhos e se sentiu protegida, ao ver o rosto tranquilo do ladrão mais velho. O chefe dos ladrões revirou a bolsa de Rosana, deixando o dinheiro de lado e roubando apenas um pacotinho de balas de mel, que ela havia comprado antes de entrar no ônibus, como sempre fazia, para levar para as crianças.

Bom dia, pai

O assalto não durou mais do que alguns minutos, até que os ladrões descessem num ponto mal iluminado da via, mas pareceu uma eternidade, pareceu que nunca teria fim.

O motorista, apesar de tudo, aparentava calma e tentava tranquilizar os passageiros, dizendo que "graças a Deus, nenhum tiro foi disparado, ninguém se machucou, ninguém ficou ferido".

— Gente, isso acontece todo dia, já estou até acostumado — ele acrescentou, informando que teria que ir até a delegacia policial, para fazer o registro da ocorrência.

— Ah, meu Deus! Já é tarde demais. Não quero fazer registro de coisa nenhuma. Quero é ir para a minha casa — disse Rosana, sendo apoiada por outros passageiros.

— Pô, se a gente não der queixa na polícia, como é que a polícia vai saber que fomos assaltados? E como a polícia vai prender os caras? — argumentou o motorista.

Quando Rosana saiu da delegacia, já era madrugada alta, quase hora de voltar para o trabalho. Ao chegar em casa, o marido, nervoso e preocupado, esperava por ela no portão e, inicialmente, não acreditou na história, dizendo que nunca viu isso de ladrão roubar mas não levar nada de valor, deixar a grana para trás. Rosana mostrou o registro policial. E fez uma revelação surpreendente.

— O ladrão mais velho, o chefe dos ladrões, era o teu irmão — ela disse para o marido, que quase caiu duro para trás, tamanho foi o susto.

— O Zequinha? O Zequinha, o meu irmão caçula? Ladrão? — reagiu, espantado, o marido de Rosana. E Rosana confirmou, explicando que, na delegacia, se fez de boba, deu a desculpa de que estava muito nervosa e que não saberia descrever como são os ladrões, mas que é claro que havia reconhecido o cunhado.

Rosana prometeu ao marido que jamais contaria a ninguém sobre o cunhado, um ladrão, assaltante de ônibus. Prometeu, mas não sabe se agiu corretamente, especialmente porque o cunhado, agora, toda semana traz um presente diferente ou para ela ou para as crianças, e Rosana tem a certeza absoluta de que o cunhado compra os presentes com dinheiro roubado de trabalhadores e donas de casa.

O marido de Rosana, que volta e meia também é presenteado, não deixa que ela se recuse a receber o que é dado pelo cunhado, e nem permite que ela rejeite as coisas que são oferecidas pelo tio aos sobrinhos, seus filhos, filhos de Rosana.

Recentemente, o cunhado puxou uma conversa atravessada com Rosana.

— Olha, Rosana, odeio dedo duro. Se souber que alguém é dedo duro, mando bala, mando pra terra dos pés juntos — ele disse.

Rosana, para proteger os filhos e evitar que as crianças sigam os passos do tio, está decidida a contar tudo à polícia, mas tem medo da reação do marido, tem medo da reação do cunhado que, dizem, já teria matado pelo menos três pessoas. Rosana está encurralada, num beco sem saída. E pede uma ajuda.

Rosana, minha amiga, você tem o seu emprego, não depende do seu marido. Mas, se apontar o seu cunhado, estará destruindo a sua própria família que, a bem da verdade, já vem sendo destruída por ele, que corrompe o seu marido e os seus filhos.

Pense nisso. Pense muito nisso, antes de agir ou de não agir, preferindo deixar tudo como está. Desejando boa sorte e torcendo para que você encontre o melhor caminho, a melhor solução para este caso intrincado e difícil, para você, o meu carinho, a minha solidariedade e este **BOM DIA**.

15. Vítimas

"QUANDO O SOL COMEÇAVA A SE DESPEDIR, trocando de turno com a lua e as estrelas, o dia claro dando lugar ao escuro da noite, o meu coração disparava. Enroscava-me em mim mesma, embrulhada nos lençóis, tentando sufocar os temores que faziam o meu corpo tremer. Fechava os olhos, para não ver o que iria acontecer, mas nos meus pensamentos a cena inevitável era sempre antecipada, para meu desespero. Meus ouvidos atentos percebiam os passos dele no corredor, indo e vindo, à espera do momento para lentamente abrir a porta, entrar, despir-se, deitar-se na minha cama e fazer de mim, uma criança, uma menina com pouco mais de nove anos de idade, fazer de mim a mulher dele. Naqueles minutos humilhantes e degradantes, meu pai me tratava como se eu fosse uma qualquer, beijando minhas partes mais íntimas, penetrando-me com força, até que, satisfeito, após um gemido que me enojava, virava-se para o lado, saía da cama, vestia a roupa e deixava o quarto.

Para dormir, eu dizia a mim mesma que nada havia acontecido, que meu pai me amava de verdade e queria apenas o melhor para mim, e então pensava na escola, nas amigas, no dia que logo, logo iria amanhecer, trazendo novas esperanças. Meu pai, ciumento, também me proibia de ter namorado. E quase botou a casa abaixo no dia em que, já aos 17 anos, tomei coragem e convidei um rapaz que me paquerava para conhecer a minha família. Meu pai gritou, xingou, ofendeu o garoto e partiu para cima de mim, desferindo socos e pontapés. Caída no chão, não sei onde encontrei forças para reagir, gritar todas as coisas que durante anos sufoquei dentro de mim. Gritei para que o mundo ouvisse todas as atrocidades que ele fez comigo, o estupro, as sevícias, os abusos. Nessa hora, a minha mãe, feito louca, partiu para cima de mim, ordenando que eu calasse a boca, mandando-me respeitar o meu pai, chamando-me de "mentirosa, mentirosa, mentirosa".

Este é um trecho da carta que me foi enviada pela Esther, que mora em Nova Iguaçu. Na carta, ela ainda conta que não esperava essa reação da sua mãe, porque, no seu íntimo, sempre teve a certeza de que a mãe sabia de tudo, mas fingia não saber, e por isso, ainda hoje, tantos anos depois, não esquece e não perdoa tudo o que os seus pais lhe fizeram.

Esther, minha amiga, algumas verdades, quando reveladas, causam espanto, surpresa e decepção, diante do óbvio que a gente, muitas vezes, teima em não ver. Sinceramente, posso acreditar na ignorância da sua mãe, que acabou separando-se do seu pai e ainda hoje, 25 anos depois, continua pedindo a você para que volte pra casa, para morar com ela, porque ama você e não se perdoa por tudo o que aconteceu e ela não soube ou não pôde evitar.

Você, na sua carta, pergunta se deve perdoá-la, se deve voltar a viver com ela, agora que os seus olhos já secaram e não têm mais lágrimas para derramar. Sinceramente, Esther, penso que sim. Penso que você e sua mãe foram duas vítimas de um monstro, um animal, que não merece qualquer consideração ou respeito.

Volte para a casa da sua mãe. Recupere a felicidade que foi roubada de vocês duas. Dê um abraço na sua mãe, e deixe que ela lhe dê o abraço há tantos anos sonhado e desejado, esperado. Faça isso antes que seja tarde, porque sua mãe está no final da vida.

A própria *Bíblia* aconselha que a gente não deve dormir com raiva e mágoa no coração e que todas as questões devem ser resolvidas ao fim de cada dia. Esqueça tudo o que aconteceu e diga para a sua mãe as palavras que você tem guardadas no coração. Faça isso e receba o meu carinho, a minha amizade, o meu apoio e este **BOM DIA**.

16. Descobertas

NÃO EXISTE AMOR MAIS VERDADEIRO do que o amor maternal. Talvez, e nesse tipo de terreno, que envolve emoções e sentimentos, todas as coisas podem ser movediças, só mesmo o amor filial se possa comparar ao que vai no coração da mãe pelo filho. Fiquei pensando nessas coisas, depois de ler atentamente a carta que me foi enviada por você, meu sofrido e angustiado Geraldo, de Brás de Pina.

Filho único, cresceu no seio de uma família feliz, em que a união, o respeito e a amizade aos demais sempre foram fundamentais. Se ricos não eram, de pobres também não podiam ser chamados. E nada faltou a você, desde os melhores brinquedos, passando pelas melhores escolas e cursos e até mesmo férias curtidas ao ar livre, desfrutando o cheiro do pasto e o odor das vacas leiteiras no sítio dos avós paternos, numa cidadezinha no interior de Minas.

Os dias da sua vida corriam ensolarados e o seu mundo não apresentava dificuldades, especialmente porque um tio, irmão mais novo do seu pai, morava com vocês e supria as ausências do velho, sempre viajando a trabalho. A amizade entre você e o seu tio o levava a crer que, na verdade, Deus havia sido supergeneroso, lhe dando a felicidade de poder contar com dois pais, dois homens que lhe serviam de espelho, ajudando a moldar a sua personalidade e o seu caráter, o pai e o tio.

A sorte, no entanto, assim como a felicidade, é uma frágil canoa que flutua incerta no meio do oceano, ao sabor das águas e dependente dos humores do vento. E foi assim que, no dia em que você completava quatorze anos, uma vida inteira para ser vivida, preparando-se para a festa e aguardando a chegada do seu pai, que voltava de viagem só pra lhe dar o abraço, o beijo, a presença e o presente que nunca faltaram, você recebeu a notícia: o seu pai, cansado, mas querendo chegar em casa a qualquer preço, dormiu ao volante, atirando o carro ribanceira abaixo na serra das Araras, morrendo antes mesmo de receber qualquer tipo de socorro.

Foi um baque. O impacto na sua vida de adolescente foi de proporções assustadoras. Sentindo-se culpado, você quis morrer e chorou dias e noites sem parar. Sua mãe, coitada, tornou-se um zumbi, e andava pela casa como se fosse um fantasma para, de repente, cair num choro desesperado, sentido e dolorido, para culminar num desmaio do qual parecia que nunca mais voltaria.

No dia do enterro, no cemitério do Caju, amparado pelo tio, você conseguiu resistir, segurar as lágrimas, sufocar o sofrimento que tomou conta da sua alma. Graças ao tio, você conseguiu encontrar forças para consolar a sua mãe, que parecia louca, descabelando-se, chorando ora baixinho, ora soltando uivos dilacerantes, para, de repente, cair numa apatia profunda, graças à força dos calmantes que tomara.

Você nunca mais esquecerá a hora em que o coveiro baixou o caixão na sepultura, porque a sua mãe, repentinamente, desgarrou-se dos seus braços, escapou das mãos do seu tio e atirou-se dentro da cova, agarrada ao caixão, gritando juras de amor eterno, confessando publicamente um sentimento que jamais iria se extinguir:

— Eu te amo, eu vou te amar para sempre, para sempre — ela berrava.

Não foi fácil tirá-la dali. Não foi fácil aquele dia, que você acreditava ser o pior da sua vida. Mas, o pior ainda estava por vir.

Quinze dias após o sepultamento, as feridas ainda abertas no seu coração e o espírito destruído pela desesperança e pela desilusão, na solidão do seu quarto, de repente, alta madrugada, você ouviu barulhos estranhos. Aguçou os ouvidos. Percebeu que os ruídos vinham do quarto da sua mãe. Preocupado, porque ela ainda parecia altamente abalada com a perda do marido, você foi, silenciosamente, até o final do corredor.

E abriu a porta.

E ao abrir a porta, viu que o seu pai morria pela segunda vez. O que você viu era tão inesperado que você perdeu a fala, e os seus olhos teimavam em mostrar a verdade que o seu espírito não queria ver.

Bom dia, pai

Nua. Totalmente nua. Completamente nua, a sua mãe inclinava o corpo para beijar a boca do seu tio. Lá estavam os dois. A sua mãe e o seu tio, na cama que fora do seu pai. E ela sorria. E ela parecia feliz. E ela serpenteava o corpo, em movimentos frenéticos, sentada sobre o seu tio, que fechava os olhos e gemia de prazer, numa satisfação só comparável à de conhecer o paraíso.

Ainda sob o impacto da cena que acabara de presenciar, você fechou a porta, devagar, bem devagarinho, e voltou para o seu quarto. Mas não conseguiu dormir. A sua mãe e o seu tio, como se fosse um filme que não para de se repetir, não saiam da sua mente, que via e revia os dois trocando carícias, lambidas, mordidas, como dois animais.

O amor que você nutria por eles tornou-se mágoa, ressentimento depois, e ódio mais tarde. Um ódio que crescia mais e mais com o passar dos dias, o passar das horas, dos minutos, a cada segundo. Sem coragem para falar sobre o assunto, você foi ficando cada vez mais calado, cada vez mais distante, até o dia em que uma dúvida tomou de assalto os seus pensamentos: a sua mãe e o seu tio começaram a transar depois da morte do seu pai ou o seu pai já era traído de maneira vil, pelo próprio irmão, mesmo antes de morrer?

Para esclarecer o assunto, mas sem revelar que já sabia de tudo, até porque o seu tio e a sua mãe também mantinham tudo em segredo, você decidiu jogar o verde para colher o maduro. Aí, sonsamente, como quem não quer nada, você comentou com a sua mãe que se ela tivesse casado com o seu tio talvez tivesse sido ainda mais feliz do que no casamento que teve com o seu pai. Ela, no entanto, se fez de desentendida, deu um beijo na sua face e foi dormir.

Na manhã seguinte, ao entrar na cozinha para tomar o seu café, o seu tio abraçou a sua mãe, disse que a amava e que seria capaz de qualquer sacrifício para fazê-la feliz e beijou-lhe a boca, ardentemente, sendo ardentemente correspondido. Aquilo enojou você. Mas você engoliu em seco, nada disse, e voltou para o seu quarto, onde passou o dia inteiro ouvindo os seus CDs.

Depois disso, e lá se vão três anos, nunca mais se tocou no assunto, e os dois assumiram, sem qualquer constrangimento, a relação, na sua opinião, vergonhosa. Além disso, ficou a dúvida: os dois, a sua mãe e o seu tio, traíram o seu pai quando ele ainda estava vivo? Você não tem coragem de perguntar diretamente, e vive fazendo insinuações em busca da verdade.

Meu amigo, assim como nem sempre o peixe é fisgado pelo anzol, a isca da mentira nem sempre pesca a verdade. Portanto, seja claro. Seja objetivo. Não faça rodeios. Não fique de pegadinhas. Pergunte: — Vocês já se amavam antes mesmo da morte do meu pai? Pergunte e prepare-se para a dureza da resposta, ao mesmo tempo amaciando o seu coração para entender e perdoar o amor incontrolável que existe entre eles dois.

Faça isso. É hora de parar de agir como se ainda fosse um menino.

Torcendo para que essa história tenha um final, ao menos, digno, receba o meu apoio, a minha solidariedade e o desejo de que você e o seu tio voltem a ser os amigos que eram antes da descoberta do romance entre ele e a sua mãe, pra você o meu abraço e este **BOM DIA**.

17. Vestido

EXPOSTO NO CENTRO DA VITRINE, o vestido chamou a atenção de Fernanda. Era exatamente o que ela queria, o vestido com o qual sonhara a vida inteira.

Fernanda, então, atravessou a rua, caminhando em direção à loja.

Colou o rosto no vidro, fez proteção lateral com as mãos para poder ver melhor, e foi definitivamente conquistada: não poderia ser outro, tinha que ser aquele o vestido para o seu dia tão especial.

Feliz, exultante, correu para casa, para contar à mãe a sua descoberta:

— Mãe, mãe, achei! O meu vestido, mãe! Achei! — já entrou em casa anunciando para que todos pudessem ouvir.

Da cozinha, enxugando as mãos no pano de prato, a mãe, sem muita empolgação, mostrou toda a sua descrença na filha:

— Será, Fernanda? Vai ser o vigésimo vestido que você diz ser o dos seus sonhos e, na hora h, nada, acaba desistindo — disse dona Bertha, já chegando à sala.

— Ah, mamãe, dessa vez não! Tenho certeza. É o meu vestido, o vestido que eu quero.

— Filha, já folheamos um milhão de revistas, escolhemos milhares de modelos, fomos a não sei quantas lojas, e você sempre escolhe um modelo pra depois desistir. Já conheço essa ladainha, filha.

— Mãe, juro, agora é pra valer! — reafirmou Fernanda.

— Qual é o preço dele? Tem que ver se a gente tem grana pra comprar, né, filha?

— Que comprar, mãe? Que comprar que nada! Vamos alugar.

E as duas, mãe e filha, passaram a tarde conversando sobre o assunto, fazendo planos. À noite, quando o pai de Fernanda chegou, ficou sabendo de tudo, e vibrou ao se ver convencido de que, desta vez, era para valer. Os três marcaram uma visita à loja para o dia seguinte, para ver o vestido mais de perto, na mão, e discutir o valor do aluguel. O pai, sem revelar à filha e à mulher, há muito vinha guardando parte do seu salário na poupança, só para poder realizar o sonho, o grande sonho da sua menina.

Quando chegaram à loja, que decepção: o vestido não estava mais na vitrine. Os olhos de Fernanda encheram-se de lágrimas; dona Bertha não sabia o que dizer, não encontrava palavras que pudessem confortar a filha; mas, seu Zélio não se deu por vencido:

— Calma, gente. Vamos entrar e perguntar às balconistas o que houve com o vestido, se foi vendido, se foi alugado — ele disse.

Entraram. Perguntaram pelo vestido, e ficaram sabendo que a roupa havia sido alugada para uma garota lá de Ipanema, que iria casar naquele final de semana, na igreja da Candelária, coisa fina, coisa de gente rica, gente bem.

— E quando ele volta? Tenho que reservar com muita antecedência pra mim? — reanimou-se Fernanda.

Ansiosa, ouviu todas as explicações, e o seu coração se acalmou.

O aluguel era quase o preço de um vestido novo, daqueles mais simples, que ela e a mãe tanto viram nas outras lojas e nas revistas. O valor assustou Fernanda, e dona Bertha não conseguiu impedir que o sorriso que estampava no seu rosto se transformasse numa expressão de tristeza.

— Ok. Tá fechado. Se é o vestido que a minha filha quer, vai ser o vestido que ela vai usar no dia do seu casamento — falou, firme, o pai.

As duas olharam para seu Zélio, surpresas, e não conseguiram se conter: pularam no pescoço dele, envolvendo o homem num abraço, e os três, abraçados, ficaram, saltitando e rodopiando na salão da loja, numa emoção que contagiou às balconistas, que também sorriam, na maior alegria.

Agora era a expectativa, a espera. Fernanda ligou para a loja, mas o vestido ainda não havia sido devolvido. Ligou dois dias depois, e a devolução ainda não havia sido feita. Uma semana depois, e nada. O noivo se ofereceu para ir diretamente à loja, cobrar providências. Fernanda não deixou, porque não queria que ele visse a roupa, que era uma surpresa e que, além disso, não queria dar sopa para o azar:

— Noivo não pode ver o vestido da noiva antes, só no altar — ela exagerou.

O vestido precisou passar por alguns pequenos reajustes, coisa pouca, quase nada, para caber com perfeição em Fernanda. E dona Bertha, um dia, durante as provas, analisou o vestido com mais atenção, com olhos mais apurados, e achou que já tinha visto aquela roupa antes, não lembrava quando e nem onde, mas tinha certeza de que já vira o vestido.

No dia do casamento, a igreja lotada, o noivo, nervoso no altar, e a entrada triunfal da noiva. Estava linda, radiante. E o vestido era deslumbrante, com os seus bordados feitos a mão, reproduzindo, perfeitas, centenas de florzinhas de laranjeira, o véu, a cauda, um esplendor. Todos comentaram. As mulheres mais velhas elogiaram, as mais novas invejaram, e sonharam casar vestidas assim, numa elegância sem igual.

Ao ver a neta, dona Deusdeth, que após a morte do marido morava em Petrópolis, mãe de dona Bertha, não resistiu, levou as mãos ao rosto e chorou sem parar durante toda a cerimônia. Depois, na festa, a velha senhora explicou as razões para tanta emoção. Ela disse:

— Sabe, minha neta, você não vai acreditar, mas quem fez este seu vestido fui eu, no tempo em que ainda enxergava bem, tinha as mãos firmes. Eu fiz o vestido para mim, para a minha festa de casamento, e nele coloquei todo o meu amor.

A avó contou que guardou o vestido durante anos, na esperança de que a filha, Bertha, viesse a vesti-lo no dia do seu casamento, mas que Bertha, quando jovem, era muito rebelde, muito cheia de ideias, e não quis saber do vestido.

— Ela disse que era rococó, coisa de velha, que o vestido era cafona, e preferiu mandar fazer um vestido de noiva curtinho, como era moda naquele tempo. A minha filha não quis o vestido de noiva que guardei pra ela — desabafou a avó.

— Desculpe, mamãe — disse dona Bertha. — Eu era uma boboca, mamãe. Desculpe.

As duas se abraçaram, numa reconciliação que nunca acontece tarde demais quando envolve mãe e filha.

Fernanda ficou sabendo que, desgostosa com a filha, dona Deusdeth decidiu se desfazer do vestido, vendendo-o para uma loja especializada no aluguel de roupas, mas que jamais poderia imaginar que ele ainda estivesse inteiro, embora tenha passado por uma reformazinha aqui, outra ali, especialmente no forro, tantos anos depois; mais ainda: jamais poderia imaginar que o seu vestido de noiva, feito por suas mãos para o dia do seu próprio casamento, acabaria vestindo também o corpo da netinha tão amada.

Fernanda e o marido, mais os seus pais e a sua avó decidiram, então, juntar as suas economias e comprar o vestido de volta. Foi quase um milagre ele ter retornado às mãos da família.

A peça, hoje, está num bauzinho de madeira, na casa de Fernanda, que espera que a sua filhinha cresça e também venha a usá-lo num futuro próximo, retomando a história familiar.

Uma dúvida, porém, habita o coração de Fernanda:

— Minha avó morreu há quatro anos. E se a minha filha, a exemplo da minha mãe, não quiser o vestido, o que faço? — ela me pergunta.

E eu respondo:

Continue guardando. Porque se a sua filha não quiser, quem sabe se uma futura netinha sua não acabará se apaixonando por ele, como aconteceu com você? Faça isso. E receba a minha amizade, o meu carinho e este **BOM DIA**.

18. Velhice

ALGUÉM FOI BUSCÁ-LO NO FUNDO DO BARRACO, ajudando-o a se levantar da cama. De pé, foi praticamente arrastado para o banheiro e jogado, com roupa e tudo, debaixo do chuveiro elétrico, que estava queimado e esguichava uma água muito fria.

— Meu Deus, o que está acontecendo? — perguntou o velho.

— Seu Oscar, disseram que o seu filho foi assassinado, a gente tem que ir ao IML, pra fazer o reconhecimento do corpo — o outro respondeu.

A notícia, dada assim, a seco, sem qualquer tipo de preparação, trouxe primeiro o espanto, e depois as lágrimas, num choro silencioso e discreto, como sabem chorar aqueles que sentem profundamente.

Seu Oscar apressou a higiene pessoal e enxugou na toalha as espumas que encobriam o seu corpo. Não parava de pensar no filho, e preferiu acreditar que havia um erro, um engano qualquer, porque o rapaz era esperto, trabalhador, não iria se envolver em confusão, não era chegado a bebida, não fumava nem usava drogas.

— Deve ser um engano — ele disse. — O meu filho é trabalhador, honesto, não se mete com a bandidagem.

— Mas, não pode ver um rabo de saia, né, seu Oscar? E se ele se meteu com uma mulher casada, o marido descobriu e... — argumentava o outro. Mas, seu Oscar não ouvia mais nada, não prestava mais atenção, aflito com toda aquela agitação que ia quebrando a rotina das suas manhãs tranquilas.

No ônibus, em direção à cidade, seu Oscar olhava para o seu companheiro de viagem e por mais que forçasse a memória não conseguia reconhecê-lo. "Coisas da idade", ele pensou consigo mesmo. "Mas, deve ser amigo, porque está me ajudando. Deve ser amigo", tentava se convencer.

No Instituto Médico Legal, após uma espera que pareceu uma eternidade, seu Oscar foi levado, com a ajuda de um funcionário, até a geladeira em que ficam os corpos.

Velhice

— O senhor está preparado? — quis saber o servidor do IML.

— Estou — disse seu Oscar.

— Quando eu puxar a gaveta, o senhor vai ver um cadáver. Pode ser o seu filho. Posso puxar a gaveta? O senhor está firme?

— Pode. Pode abrir a gaveta, moço — reafirmou o velho pai.

O cheiro de éter. O odor de carne putrefata. O ambiente. O silêncio. A agonia que sufocava o seu coração. A tonteira. Os olhos revirando. O desmaio. A queda. A cabeça chocando-se com violência contra o chão.

Quando recuperou os sentidos, seu Oscar já estava na enfermaria de um hospital público, com a cabeça enfaixada, em observação, por causa da gravidade do trauma, especialmente na sua idade. Ainda trajava a mesma camisa branca, agora vermelha de sangue, que vestira pela manhã, ao sair de casa às pressas.

Já era noitinha, quando um jovem médico parou ao pé da sua cama, pegou a prancheta com as informações sobre o paciente, e se mostrou preocupado, porque a ficha de seu Oscar estava praticamente em branco; ali constava uma única informação: o nome do doente, Oscar. Número da identidade, endereço, telefones para contato, nada disso havia sido informado pela pessoa que o ajudou chegar até ali.

— O senhor sabe qual é o seu nome? — perguntou o médico.

— Oscar.

— Oscar de quê?

— Oscar de Paula.

— E onde o senhor mora?

Silêncio.

— O senhor sabe o nome da rua onde mora? — insistiu o doutor.

Oscar não sabia. Não se lembrava de mais nada. E a cada vez que era solicitado a dizer o seu nome completo, dava um sobrenome diferente. A queda havia afetado muito mais o cérebro do que os neurologistas inicialmente haviam diagnosticado. E o mais recomendado era dar a medicação e ficar de olho em seu Oscar, estudando as suas reações. Foi assim que se passou a primeira semana. Foi assim que se passou a segunda semana. Foi assim que ele completou um mês de internação.

As assistentes sociais telefonaram para as emissoras de rádio, para os jornais e canais de televisão, pedindo uma ajuda, que anunciassem as características físicas do paciente, o tempo que ele já se encontrava internado, na esperança de que alguém fosse buscá-lo. Infelizmente, nada deu resultado.

O tempo passava, e a direção do hospital precisava do leito ocupado por seu Oscar, para atender a outros pacientes. Mas, como? Jogar o pobre velho desmemoriado no olho da rua, sem amparo, sem que ele soubesse para onde ir?

— O meu filho vem me buscar — ele disse, um dia, para uma assistente social. — O meu filho vem me buscar.

Qual o nome do filho? Onde morava o filho? Tinha netos? Todos os dias estas perguntas eram feitas, mas seu Oscar não sabia as respostas. Novos casos foram surgindo, novos problemas foram aparecendo, e seu Oscar ia ficando de lado, praticamente abandonado na enfermaria.

Foi assim até o dia em que Zezé, a assistente que mais se preocupava com seu Oscar, entrou na enfermaria acompanhada de um homem alto, moreno, que abriu o mais largo de todos os sorrisos, abraçou o velho e afirmou:

— Este é o meu pai! Meu pai!

Seu Oscar arregalou os olhos. Olhou bem para o homem e, para surpresa de todos, tentou se livrar do abraço, dizendo, assustado:

— Morreu, meu filho morreu. Eu vi, meu filho morreu.

Depois, os médicos explicaram que essa foi uma reação normal, porque a memória retornou exatamente do ponto em que havia apagado e a última visão de seu Oscar tinha sido o corpo morto de um homem, que seria o seu filho, numa gaveta do Instituto Médico Legal. Com jeito e paciência, as coisas foram sendo ditas e explicadas a seu Oscar, que lentamente foi compreendendo o que havia ocorrido. O seu filho, o seu único filho, é embarcado da Petrobrás, e precisou ficar alguns dias a mais na plataforma de petróleo em alto mar, e um vizinho — agora não interessa dizer quem era — ouviu dizer que o rapaz havia sido baleado, e para ajudar conduziu seu Oscar até o IML, onde... Deu no que deu.

Agora, seu Oscar e o filho encontraram um jeito para evitar que essas coisas se repitam: contratam uma pessoa para ficar com o velho homem, tomando conta dele, quando o rapaz está longe de casa, por causa do trabalho. E os dois, agora, fazem questão de agradecer publicamente, a todas as assistentes sociais que trabalham nos hospitais públicos de todo o Brasil, orientando e apoiando pacientes e familiares que, por qualquer razão, acabam se desencontrando. Sem elas, sem as assistentes, muitas crianças, muitos velhinhos e muitas velhinhas ficariam abandonados até a morte nos leitos dos hospitais.

Juntando o meu agradecimento aos agradecimentos de seu Oscar e de seu filho Jonas, a estas profissionais maravilhosas, que trabalham para proporcionar aos outros a possibilidade do bem estar, a minha amizade e este **BOM DIA.**

19. Segredo

ELIZINHA SENTIA FALTA DE ALGO, mas não sabia de que. No seu coraçãozinho havia uma tristeza que parecia brotar sem razão, sem explicação, uma tristezinha que nem mesmo a menina entendia.

Na idade de frequentar a escola, a tristeza de Elizinha se agravou. E por mais que tentasse se relacionar com as outras crianças, ela não conseguia.

Os outros meninos, por ingenuidade ou maldade natural, zombavam dela, diziam que ela não tinha pai. E só aí ela se deu conta de que, realmente, a sua casa era diferente das outras casas, a sua família era diferente da família dos outros; todas as crianças tinham um pai, menos ela, que era criada pela mãe, sempre amiga, doce e carinhosa.

E era este o motivo adivinhado da sua tristeza: faltava-lhe um pai, faltava-lhe o pai. A descoberta abriu uma porta, indicou um caminho. Se o problema era a falta de pai, bastava falar com a mamãe e a mamãe, zelosa como sempre, resolveria o problema.

Infelizmente, como Elizinha entendeu mais tarde, a solução não era tão simples assim. A mãe explicou que era preciso amar de verdade, para se envolver com um homem que pudesse assumir, pra valer, uma família, criar como sendo sua a filha de outro. Foi assim que a esperança feliz de ter um pai se desfez, num piscar de olhos.

E a menina ia crescendo, triste como sempre, acostumando-se com as piadas e brincadeiras de mau gosto das outras crianças, o olhar de falsa piedade das amigas da sua mãe.

Elizinha se isolava cada vez mais, buscando nos livros a realização dos seus sonhos, uma forma de preencher os vazios da sua alminha e do seu coraçãozinho.

Nas manhãs de domingo, acompanhar a sua mãe à missa era uma alegria, um bálsamo, um mundo de promessas, dias melhores, o espírito purificado pela fé. Nada disso, porém, conseguiu diminuir a maior das suas vontades: conhecer o seu pai, saber quem era o seu pai, um segredo que a mãe guardava em silêncio profundo, sempre evitando e fugindo do assunto.

Aos quarenta e dois anos, casada e mãe de filhos, Elizinha recebeu a notícia de que a mãe estava gravemente doente, uma enfermidade terrível, um câncer avassalador.

No seu leito de morte, a mãe chamou a filha e sussurrou no seu ouvido o segredo de uma vida inteira, dizendo, finalmente, o nome do seu pai. Ao ouvir a verdade que durante toda a vida lhe foi escondida, Eliza sentiu o mundo ruir aos seus pés.

Quinze dias após ter feito a revelação, a mãe de Eliza morreu, e ela ganhou coragem para se aproximar do seu pai e dizer que agora sabia toda a verdade.

O padre confirmou toda a história. Sim, ela era filha do padre, e o padre não economizou esforços para nunca se afastar da mulher que ele amou de verdade e que lhe deu a filha que ele amava com todas as fibras do seu coração, mas à qual não teve coragem de assumir publicamente.

Ao ouvir esses argumentos, Eliza virou as costas para o pai, virou as costas para o padre, enojada, envergonhada, humilhada e pensou que ali, naquele instante, a sua fé em Deus e nos homens chegava ao fim.

Nunca mais procurou por ele. Mas, anos mais tarde, ao saber da sua morte, tratou de se informar sobre o dia, a hora e o local do sepultamento, e foi dizer o seu último adeus. Emocionada, descobriu, feliz, que teve amor suficiente para perdoar a sua mãe e teve forças suficientes para perdoar o seu pai, um padre que se deixou perder por sua paixão pelas mulheres. E tendo perdoado, ela agradeceu a Deus a família bonita que possui, tendo criado os seus filhos dentro dos mais bonitos princípios cristãos.

Hoje, Elizinha, Eliza, conta toda esta sua história sorrindo, divertindo-se com as situações que viveu, orgulhosa de manter acesa a sua fé, porque, ela diz, "a fé não se explica, ou a gente tem ou gente não tem".

Bom dia, pai

Por esta força espiritual, e pela felicidade que expulsou a tristeza que durante toda a infância morou no coração de uma menina, hoje vai pra você, Eliza, o meu carinho, a minha admiração e este **BOM DIA**.

20. Supermercado

O MARIDO DE CLEUZA havia morrido há oito anos. Os seus filhos, homens feitos, seguiram cada qual o seu caminho, e não davam sinal de vida, não procuravam mais pela mãe.

Solidão. Que solidão!

Eram horas intermináveis, vazias. Em casa, sentada diante da televisão, dona Cleuza comia, dormia e engordava, numa rotina deprimente. Foi assim que a ida ao supermercado, além de uma necessidade, tornou-se também uma oportunidade de ir à rua, ver as coisas, as pessoas, a chance de perceber a vida.

Sem pressa, com toda a calma, dona Cleuza parava diante das prateleiras e conferia todas as informações contidas nos rótulos das embalagens: data de fabricação, data de validade, o grau de acidez do azeite, o percentual de colesterol da pizza congelada, a quantidade de sal no biscoito, se a massa do macarrão contém ou não contém ovos ou glúten, tudo, enfim.

Um dia, quando fazia as suas compras, dona Cleuza foi abordada por um homem que parecia perdido diante das prateleiras.

— A senhora, por favor, me desculpe — começou ele dizendo.

— Nada, tudo bem — respondeu, simpática, dona Cleuza.

— Não estou acostumado a fazer compras. Qual é o melhor vinagre? — ele quis saber.

— Olha, eu prefiro o vinagre de maçã. É um pouquinho mais caro, mas ajuda a reduzir o colesterol.

— Ah, boa dica! Vivendo e aprendendo, né? — ele sorriu.

Embora assustada e ressabiada, depois de passar tantos anos sem conversar a sós com um homem, dona Cleuza se deixou envolver pela simpatia do estranho e, sem que se desse conta, já o estava ajudando na sua listinha de compras.

Bom dia, pai

— Sabe, esse azeite aí tem muito nome, muita fama, mas é quase um óleo. O azeite pra ser bom tem que ser novo, quanto mais novo, melhor, e o grau de acidez tem que ser baixo. Leia aqui. Viu? Zero vírgula sete de acidez. É alto — ela ia dizendo, dando uma aula sobre o assunto.

O homem ficou tão impressionado que, até na hora de comprar uma garrafa de vinho, consultou dona Cleuza:

— E esse vinho aqui, é bom?

— É bom pra dar dor de cabeça e azia. Na hora de comprar vinho, leia sempre o rótulo. Veja só, este aqui, ó, é feito de uva *Merlot*, é de uma reserva, tem denominação de origem controlada e teor alcoólico de 14%. Você vai gostar.

Saíram juntos do supermercado. Ele ofereceu carona. Dona Cleuza aceitou e foi levada até a porta de casa, com o homem ajudando a carregar as sacolas e aceitando um copinho de água gelada, tão gentilmente oferecido por ela.

Foi uma tarde maravilhosa. À noite, o coração de dona Cleuza batia de forma diferente, acelerado, só de pensar nele, um verdadeiro cavalheiro, tão educado, tão fino — e que olhos! lindos olhos negros, cílios imensos. Cleuza foi dormir pensando nele, sonhou com ele e acordou pensando nele.

E aí, a campainha tocou. Cleuza foi atender. Conferiu pelo olho mágico.

Era ele. Era ele! Apareceu sem avisar. Ainda descabelada, sem ter lavado o rosto e escovado os dentes, sem abrir a porta, pediu que ele esperasse um pouco, até dar uma arrumadinha nos cabelos, tirar o pijama, vestir alguma coisa mais apresentável.

Na maior agitação, o coração aos pulos, dona Cleuza tentava ser veloz, fazer tudo rapidamente, para que ele não esperasse demais.

— Puxa vida, desculpe a demora. Você não avisou que vinha. É tão cedo — ela ia dizendo, olhando para o relógio, e abrindo a porta, fazendo sinal para que ele entrasse e se acomodasse entre as muitas almofadas espalhadas sobre o sofá.

Sorrindo muito, ele brincou com dona Cleuza, mostrando que ela havia se confundido, calçando um tênis branco no pé direito e um sapatinho de salto baixo no pé esquerdo. Os dois riram muito da situação. Conversaram amenidades, e ele explicou que o motivo da visita era fazer um convite:

— Dou as minhas caminhadas todas as manhãs. Quero que você venha caminhar comigo, Cleuza — ele disse.

Pega de surpresa, Cleuza preferiu marcar a caminhada para o dia seguinte, porque precisava se preparar melhor, comprar tênis apropriados, uma roupinha adequada.

Adeus, solidão. Em pouco mais de uma semana, a vida de Cleuza era outra. Agora, sem mais nem por que, ela se pegava cantando, feliz, uma felicidade que ficou ainda maior no dia em que foram a um baile da terceira idade.

Havia anos que Cleuza não dançava, mas isso não lhe roubou o balanço, a sincronia dos passos, o ritmo. Envolvida pelos braços do companheiro, quase desmaiou quando ele disse, baixinho, no seu ouvido:

— Eu te amo. Quero você pra mim — e depois beijou a sua boca.

Tudo isso ao som de *Besa-me mucho*. Naquele dia, pela primeira vez, Francisco dormiu na casa de Cleuza, na cama de Cleuza, e fizeram amor.

E foi maravilhoso.

Ao amanhecer, já era domingo. Francisco tirou Cleuza da cama, tomaram um banho juntos, se amaram, e foram tomar café, à mesa posta por ele.

— Eu sou viúvo, muito católico, e gostaria muito se você viesse à missa comigo — ele convidou.

Cleuza aceitou. E desde então ela e Francisco são vistos sempre juntos, fazendo trabalhos sociais na paróquia, ajudando as pessoas mais pobres, os doentes, orientando crianças, entrando em favelas para salvar gente que não tem a quem recorrer.

Os filhos de Cleuza não gostam dele. Tudo fazem para afastá-la de Francisco. Eles, que haviam desaparecido, ressurgiram do nada, como num passe de mágica, ao saber que a mãe havia encontrado alguém. E dona Cleuza, às vezes, sente-se culpada por agir assim. E me pergunta se está errada.

Dona Cleuza, minha amiga, se Francisco fosse um produto à venda no supermercado, com certeza traria escritas no seu rótulo as seguintes informações: não contém glúten; gorduras saturadas, zero; gorduras trans, zero, colesterol, zero; e ainda traria um coraçãozinho desenhado, com a recomendação do cardiologista doutor Cupido, que é quem mais entende das coisas da vida e do coração.

Cleuza, curta a vida, aproveite a vida, porque não é todo mundo que tem a sorte de ter duas oportunidades para ser feliz. Faça isso. E receba o meu apoio, o meu carinho, a minha admiração — e este **BOM DIA.**

21. Trem

O TREM PAROU NA ESTAÇÃO às seis e meia da manhã. Mariana olhou para o relógio e conferiu. Inacreditável, mas estava no horário. O problema, agora, seria o embarque, com o povo todo querendo entrar no vagão ao mesmo tempo, ombro com ombro, disputando espaços.

Mais fortes, os homens acabam se impondo, e ocupam até mesmo o vagão que deveria ser exclusivo das mulheres. O apito anuncia que a porta vai se fechar, e aí, quem entrou, entrou, quem não entrou, que espere o próximo trem, que deverá chegar atrasado e lotado, como é de hábito.

É dada a partida. Sacolejando sobre os trilhos, a máquina vai conquistando distâncias, e mostrando aos passageiros que tiveram o privilégio de ficar perto das janelas as ruas dos bairros, as mazelas da cidade.

Ali, carros sobre as calçadas, acolá, esgotos entupidos atirando fezes no asfalto esburacado e transformado em latrina pública, mais adiante, árvores imensas, que precisam de poda, mais um pouquinho e já se vê a turma que se protege atrás dos muros da ferrovia para vender e consumir drogas, e depois daquela curva uma nova estação, tomada pela multidão ansiosa, à espera do embarque, da viagem em destino ao centro do Rio, em mais uma segunda-feira, mais um dia de trabalho, mais uma semana de sufoco, de dinheiro curto, de necessidades que vão sendo deixadas de lado, na esperança de que dias melhores virão, haverão de vir!

Mariana, sonolenta, tenta ocupar a cabeça com bons pensamentos, relembrando o final de semana de descanso, ao lado da filhinha e do companheiro, um paraibano que detesta ser empregado e que trabalha por conta própria, enchendo as mãos de calo nas obras, subindo paredes, e que passa os domingos no bar, discutindo futebol e entornando cachaça "que é pra aliviar o coração", como ele diz.

— Alguém aí sabe o resultado da Megasena — pergunta alguém lá no fundo do vagão.

— Acumulou. Deu as dezenas tais, tais e tais — responde uma mulher gorda, de decote profundo, seios arfantes e axilas molhadas de suor, porque o ar condicionado está funcionando, mas não suporta a demanda.

A cada estação, mais gente vai entrando, e ninguém sai. É impressionando como, ali, a lei da Física que garante que "dois corpos não podem ocupar o mesmo lugar no espaço" é irrefutavelmente desmentida.

Marina continua pensando na família, mas começa a se impacientar, quer chegar logo à última estação, à Central do Brasil, para se livrar dos vendedores de trecos ou de balas e outros doces, e até dos religiosos, que prometem a salvação, um mundo melhor, ao lado de Jesus, quando o Senhor tomar posse do seu Reino.

Apesar disso tudo, ainda há muita gente que consegue sorrir, conversar e fazer amizades dentro do trem. Os homens, especialmente, se divertem zombando dos colegas por causa dos resultados dos jogos do campeonato no último final de semana:

— O Vascão é raça, campeão — grita um.

— Vai ser vice de novo — responde o outro.

— O Fogão vai papar esse campeonato, galera — vibra um terceiro.

E assim vai o trem, carregando homens e mulheres e os seus sonhos e as suas tristezas, até que para no seu destino final. E o povo quer desembarcar todo de uma vez, dezenas passando pelas portas, que se tornam pequenas e não dão vazão a toda essa gente que luta para sair, ombro a ombro, com os homens impondo a sua força e deixando as mulheres para trás.

Mariana sai da estação. Já está na rua, esperando que o sinal se abra, para poder atravessar em segurança entre um mar de ônibus e automóveis que se enfrentam na desordem matinal do trânsito. Se der sorte, conseguirá pegar a segunda condução, para Ipanema, ainda com um lugarzinho para se sentar. Mariana, de olho no sinal e de olho na sua outra condução, que já vem, lá atrás, quase escondida entre letreiros indicativos de números e destinos: Barra — Copacabana — Urca — Leblon.

De repente, o puxão. A bolsa de Mariana é arrancada dos seus ombros com violência, arrebentando a alça e machucando o seu braço e o seu pescoço. Surpresa, atônita, no primeiro instante, Mariana não tem reação. Não compreende o que aconteceu.

— Ladrão! Ladrão! — ela grita, desesperada, ao perceber o garoto magrinho que corre pela avenida com a sua bolsa na mão.

— Pega, ladrão! Pega, ladrão! Pega! — ela repete várias vezes, mas ninguém parece ouvir, todos indiferentes ao drama de Mariana, um drama tão banal, tão corriqueiro, tão frequente e tantas vezes visto, que nem dá mais notícia no jornal.

Ela decide correr atrás do ladrão. O barulho dos motores, as buzinas, o vozerio da multidão, o calor. O garoto sumiu. Com ele, sumiu a bolsa de Mariana, onde ela guardava o dinheirinho que ganhou como antecipação de metade do décimo terceiro salário, e que estava separadinho para comprar o presentinho de aniversário e de Natal da sua filhinha, que vai completar oito aninhos exatamente no dia 25 de dezembro. Mariana prometeu que daria o presente, custasse o que custasse.

Na delegacia, que fica ali pertinho, Mariana registrou a ocorrência, pediu ajuda das autoridades competentes, e saiu de mãos abanando.

Ao chegar ao trabalho, atrasada, ainda estava abaladíssima, e chorava sem parar, o corpo inteiro tremendo, especialmente por causa da promessa que fizera à sua menina, que agora não ganharia mais o presente tão esperado. Quando viram a moça do cafezinho naquele estado, outros empregados da empresa se cotizaram, fizeram uma vaquinha e, no fim do expediente, à tardinha, lhe entregaram o pacotinho com o dinheirinho dentro. A emoção foi demais. Mariana não esperava tanta generosidade, não sabia o que fazer, não sabia o que dizer para agradecer. E soluçava sem parar, beijando e abraçando um por um dos seus colegas, a maioria gente simples como ela, para quem vinte reais fazem falta, muita falta.

Agora o presente já está comprado, e guardado escondido no fundo do armário, para que a filha não veja. Mariana, contudo, ainda não

Bom dia, pai

está completamente feliz, porque gostaria de retribuir a demonstração de carinho e de amizade que recebeu no trabalho. Só que ela não tem dinheiro para comprar um presentinho, uma lembrancinha, para cada um, como gostaria de fazer. Aí, me manda uma carta e pergunta se posso dar alguma sugestão.

Anote aí, Mariana: compre um belo cartão de Natal e de aniversário para a sua filha, e peça a todos os seus colegas para que assinem ali os seus nomes. Na hora de entregar o presente, explique quem são e como são aquelas pessoas, generosas o ano inteiro, e não apenas em datas especiais.

Outra coisa: vamos dedicar a todos eles este **BOM DIA**, que vou gravar em CD e tirar cópias para cada um.

Para você, que se uniu em defesa de quem precisava, e demonstrou o seu carinho e o seu amor por Mariana, sem nada esperar em troca, dedico a minha amizade, o meu reconhecimento, e este **BOM DIA**.

Antônio — Nair — Jandira — Paulo — Severina — Elizabeth — Maria da Conceição — Geralda — Marcelo — Rita — Ivanir — Lúcia — Djalma — Rose — Norma — Fábia — Ângela — Gerusa — Januária — Carla — Vaniete — Júliana e Ramom.

22. Voltar

O RUÍDO AGUDO SE REPETIA. De novo. De novo. E de novo. "O que é isso, meu Deus", Pedro Paulo perguntou a si mesmo. De repente, o susto, a compreensão das coisas. E Pedro Paulo pulou da cama num salto: era o telefone, tocando insistentemente em plena madrugada.

Àquela hora, quem seria? Na cabeça de Pedro Paulo, só poderia ser coisa grave, urgente. Apesar de ainda meio tonto de sono, pensou logo no filho.

— Alô, quer falar com quem?

— Seu Pedro, o seu filho tá comigo.

— Como? Não entendi...

— É o seu filho, seu merda. Ela tá com a gente. A gente pegou ele.

Pedro Paulo ficou gelado, sentiu as suas pernas tremerem. E a voz assustadora, do outro lado da linha, continuava chegando firme ao seu ouvido.

Era um sequestro. E os sequestradores, para espanto de Pedro Paulo, falavam detalhadamente sobre as características físicas e as preferências pessoais do rapaz.

— Ele é alto, moreno, tem um sinal no ombro esquerdo, cabelo curto arrepiadinho, é flamenguista, estuda Direito, gosta de praia, curte bandas americanas de roque.

O coração do pai, na madrugada escura, ia ficando cada vez mais apertado, mas ainda assim ele conseguia pensar. Com o telefone sem fio sempre colado à orelha, foi até o quarto do rapaz. O quarto estava vazio. O menino não estava em casa.

Apesar de assustado, Pedro Paulo se esforçou para não acordar a sua mulher, para não apavorá-la. Pegou o celular e ligou para o celular do filho. "Meu Deus, desligado ou fora de área! Desligado ou fora de área, meu Deus!".

Bom dia, pai

Agora irritada, do outro lado da linha, ainda mais ameaçadora, a voz gritada do sequestrador prometia torturas:

— Anda, velho desgraçado! Vai ou não vai mandar a grana? Vou matar o teu filho, velho safado! Manda a grana, se não mato teu filho, safado.

— Mas, como eu vou saber se ele está mesmo aí com você? Como é que eu vou saber? — perguntou o pai.

Do outro lado, a voz se calou. E Pedro Paulo ouviu o barulho do telefone sendo desligado.

"E agora, o que vou fazer?". O dia estava amanhecendo e o velho pai sofria com um milhão de dúvidas, todos os medos, todos os temores. Decidiu esperar até que o filho retornasse, são e salvo, para a casa, ou, na pior das hipóteses, uma nova ligação do bandido.

As horas passaram. O rapaz não reapareceu. E o sequestrador também não fez novo contato. Um dia. Dois dias. Uma semana. Sete dias de tormento, sem dormir, sem conseguir se alimentar direito, mas ainda encontrando forças para confortar a sua mulher, que sobrevivia graças às doses cada vez maiores de calmantes. Sua vida virou uma tristeza só, negra, profunda, profunda.

Depois de quinze dias, a polícia pareceu desistir do caso e os inspetores não davam mais as caras, para saber das novidades. Foi quando, numa manhã de domingo, o telefone tocou. Era o sequestrador.

"Graças a Deus, graças a Deus ele voltou a ligar, graças a Deus", pensou Pedro Paulo, comemorando, estranhamente feliz.

— Quero a minha grana — disse a voz do outro lado. — Na sua caixa de correio tem um presentinho pra você, uma prova de que o seu filho ainda está vivo.

Pedro Paulo correu até a caixa, para ver o que era. Dentro de uma embalagem de papelão, embrulhada num saquinho plástico, estava um pedaço da orelha do seu filho. Um pedaço de orelha, ainda sujo de sangue fresco, sangue do seu filho!

Voltar

As negociações foram retomadas, sem a participação da polícia, porque os sequestradores diziam que matariam o menino se a polícia entrasse na parada.

Pedro Paulo explicava que não era um homem rico, que era classe média, que teria que vender o carro para conseguir o dinheiro exigido pelos bandidos, pedia um tempo.

No dia marcado, tremendo, nem dormiu contando as horas, ansioso, esperando o sol anunciar a chegada de um novo amanhecer. Tomou banho. Fez a barba. Vestiu-se. Colocou e tirou o dinheiro de dentro de uma sacola de supermercado, para recontar e recontar, várias vezes, para conferir se estava tudo certinho, para deixar o resgate num lugar previamente combinado com o sequestrador.

Ao voltar para casa, sentou-se diante da TV, abraçado à mulher, que não parava de chorar baixinho, para esperarem pela volta do filho. Eles esperavam. E oravam. E pediam a Deus. E pediam à Nossa Senhora Aparecida. E imploravam a todos os santos. E esperavam.

Passaram-se quarenta e oito horas, e nada! A mulher, quase morta de tristeza, lamentava que perdera o filho tão amado, o seu filho, único filho. Mas o pai, o velho pai, não perdia a esperança, de olhos grudados nas janelas e na porta, esperando que ela se abrisse e por ela entrasse o seu menino.

Cansados, doentes, Pedro Paulo e a mulher esperavam, e oravam, e esperavam, e oravam, e esperavam, e oravam.

E a porta se abriu. E os braços de Pedro Paulo e da sua mulher se abriram. E neles se atirou o filho tão esperado, num abraço que era saudade, num abraço que era amor, um abraço que era alegria e gratidão, um abraço como só pais e filhos podem trocar.

Pedro Paulo estaria mentindo se dissesse que a vida voltou ao normal, porque em casos assim os traumas sempre ficam. Saiu do Rio com a família. Foi para uma pequena cidade do interior fluminense.

Bom dia, pai

O tempo passou. O filho lhe deu netos, que precisam estudar em escolas com mais recursos, e isso a cidadezinha onde moram não lhes oferece ainda. A volta para o Rio está programada para o ano que vem. As crianças estão felizes, vão conhecer a cidade maravilhosa. Mas o coração do avô está aflito. O avô, que acompanha a vida da sua cidade pela internet, ligado no trabalho da gente, pergunta se é verdade que a criminalidade por aqui realmente diminuiu. E eu respondo que as estatísticas oficiais dizem que sim, que diminuiu o número de carros roubados, diminuiu o número de pessoas feridas à bala, diminuiu a quantidade de mortos a tiros e que os sequestros praticamente não ocorrem mais, a não ser uma nova modalidade, chamada de sequestro relâmpago.

Além disso, Pedro Paulo, por amor, para preservar a sua família, daqui você saiu e agora, anos depois, para desenvolver e dar o melhor aos seus, você vai voltar. Pois bem. Venha. Retorne. E seja feliz aqui, ciente de que o perigo está em todas as partes desse mundo louco, em que o dinheiro está na frente de todas as coisas.

Desejando boa sorte neste seu retorno, e que você seja feliz, receba o meu abraço, o meu carinho, a minha solidariedade e este **BOM DIA**.

23. Seios

CONFESSO, DE PÚBLICO, que jamais perdi a capacidade de ser surpreendido pelas pessoas. Volta e meia a ação ou a palavra de alguém, a quem acreditamos conhecer bem, nos apresenta um novo horizonte, reaviva uma ferida que parecia curada ou nos traz o enlevo do sonhar com um futuro que um dia haverá de se concretizar.

Fiquei pensando nessas coisas, minha doce e querida Elizabeth, do Méier, depois de ler e reler a sua história, contada numa carta prenhe de sentimentos e que a você deve ter custado muitas lágrimas, ao transpô-los para o papel.

Nascida num lar da classe média, criada num ambiente religioso, educada para afastar os maus pensamentos, escapar das tentações e evitar o pecado, aos treze anos você se descobriu uma garota bonita. Mais bonita do que as suas amiguinhas da vizinhança. Mais bonita do que as amiguinhas da escola.

A descoberta, em idade tão tenra, fez de você uma presa fácil da vaidade. E você se tornou escrava do espelho, apaixonada por você mesma, seus olhos castanhos, seus cabelos lisos e brilhantes, uma boca carnuda e rosada, e um corpo que, se de criança não era, de mulher também não era, não.

Precoce, você já apresentava pernas bem torneadas, cintura bem feitinha, e pequenos seios que eram a promessa — mais tarde confirmada — de uma perfeição sem igual.

É claro que os rapazes, especialmente os mais velhos, logo perceberam a mulher que havia por trás da garota que, de inocente, muito pouco ainda tinha.

Namorados, você teve um monte deles. Baixos, gordos, ciumentos, morenos, brancos, mas por nenhum deles se apaixonou de verdade. E se não havia amor, e se não havia paixão, difícil não foi manter a sua virgindade, à espera do príncipe encantado.

Bom dia, pai

E ele finalmente chegou, aos 28 anos de idade.

Foi um amor avassalador. Sem ele, você não respirava. E quando, depois de três anos de namoro, ele a pediu em casamento, você teve uma explosão de alegria.

O casamento foi na igreja. De véu e grinalda.

Porque, mesmo amando loucamente, o seu autocontrole e as orientações religiosas repassadas por seus pais impediram que você se entregasse, mantendo a sua virgindade.

Na lua de mel, você não sabe bem por que, ao sair do banheiro, despida, você sentiu um certo constrangimento, e escondeu os seios com as mãos, expondo todo o resto.

A primeira noite, se não foi a melhor do mundo, também não foi decepcionante, apesar da dor e do desconforto. Educado e paciente, o seu marido, aos poucos, dia a dia, foi mostrando a você os prazeres e as delícias do sexo feito com amor.

Em seis meses, formavam um casal quase perfeito, em todos os sentidos. Para atingir a perfeição, segundo o seu marido, faltava apenas um pequeno detalhe: que você perdesse a timidez e passasse a exibir os seios em todo o seu esplendor, porque até então, embora rolasse de tudo, você ainda os escondia com as duas mãos.

Um dia, o seu marido, na cama, ainda sob o efeito relaxante do gozo e molhado pelo suor que o esforço do sexo traz, pegou a *Bíblia* e começou a ler, em voz alta, o seguinte trecho: "As curvaturas das tuas coxas são como ornamento, trabalho das mãos de um artesão. Teu umbigo é uma taça redonda. Teu ventre é um monte de trigo, cercado de lírios. Teus dois peitos são como duas crias, gêmeas duma fêmea de gazela. O rei mantido preso pelas ondulações do teu corpo". Era um trecho do Cântico de Salomão, no qual o rei falava de amor e de sexo com a sua amada, exaltando a beleza dos seios da mulher. Você entendeu o recado. E perdeu o retraimento que privava o casal de prazeres outros.

Nasceu o seu primeiro filho. E o milagre da vida gerada dentro de você veio à luz e foi alimentado por um par de seios transbordantes de leite.

Veio o segundo filho. E também a este o alimento produzido dentro do seu corpo foi abundante e rico para mantê-lo forte e crescendo sob a luz do sol.

O tempo trouxe a maturidade, sepultando a vaidade e trazendo a gratidão, o reconhecimento das coisas simples, mas importantes, fundamentais da vida.

A Deus você agradecia o belo par de seios com os quais conquistou o seu homem e nutriu os seus filhos.

Mas, um dia, um pequeno caroço, detectado em um exame de rotina, trouxe a confirmação aterradora de uma suspeita apavorante: um tumor. Era um tumor. Um tumor maligno. Um câncer.

A doença não deixou alternativa: extirpar o seio era a única solução. Ou isso ou a morte.

O seu marido não se abateu. Deu apoio. Deu força. Jamais saiu do seu lado. E disse que continuaria amando você como sempre amou.

Mas você não acredita, porque, por mais que o homem deseje e afague o corpo da mulher, jamais descobrirá os seus segredos mais profundos, o que vai na sua mente, o que faz o seu coração pulsar.

Embora solidário, ele não sabe da sua dor, não sabe o que os seios simbolizam e representam para uma mulher.

Sem os seios, na sua opinião um castigo monstruoso, você acredita que não há mais razões para viver.

Elizabeth, minha amiga, não é bem assim. Hoje, os recursos da medicina permitem a reconstrução dos seios, deixando-os tão bonitos como quando criados e feitos por mãos divinas.

Além disso, você tem um marido maravilhoso e dois filhos para os quais você é simplesmente a causa e a razão de todas as coisas boas que eles vivem, já viveram e ainda viverão.

Bom dia, pai

Pense na sorte que foi ter casado com um homem que é o ajudador da mulher.

Não se deixe abater. Levante a cabeça. Não perca a fé.

Os seios naturais, que agora você perde, deram a vida, deram amor, deram felicidade, e cumpriram magnificamente o seu papel.

Siga em frente. E receba o meu abraço, o meu incentivo, a minha solidariedade e este **BOM DIA**.

24. Gabriela

A BARRIGA, IMENSA DE SONHOS e carregada de esperanças, anuncia que uma nova vida está para chegar, florescer à luz do sol.

A bolsa d'água se rompe. O líquido escorre pelas pernas da mulher, molhando o chão do branco mármore da cozinha.

— Carlos! Carlos! Carlos, por favor, Carlos! — chama a mulher, baixinho, numa súplica entrecortada pelas agulhadas das contrações.

Deitado no sofá da sala, adormecido diante da TV ligada, o homem não ouve o pedido de socorro. A mulher, a passos curtos e lentos, se aproxima dele, toca suavemente nos seus ombros, em mais uma tentativa de acordá-lo:

— Carlos, por favor, Carlos! — ela geme. E ele não reage, alheio ao mundo.

— Carlos! — Ela fala agora mais alto, mas ainda sem querer assustá-lo. Ainda assim, a reação dele é de espanto. Desperta e senta-se na poltrona, num gesto surpreendentemente rápido, como se tivesse sido pego em delito, fazendo algo de errado:

— Meu Deus! O que foi, caramba? Eu estava no maior sono. O que aconteceu, Cleyde, o que aconteceu? — ele pergunta, assustado.

— A bolsa estourou. As contrações estão ficando cada vez mais fortes. Acho que a nossa filha está nascendo.

Carlos, atordoado de sono, fica mais tonto ainda, diante da notícia.

A primeira coisa que faz é meter a mão no bolso da bermuda, em busca da chave do carro, sem sucesso. Está perdido. Não sabe como agir. Fica nervoso, agitado, como se não soubesse, há nove meses, que teria a sua tão desejada primeira filha.

Apesar de também preocupada, Cleyde acalma o marido, pedindo para que ele pegue a bolsinha com o seu enxoval e com o enxovalzinho do bebê, que está na parte debaixo do armário, lá no quarto do casal.

Bom dia, pai

Cleyde recomenda que Carlos telefone para o médico que a acompanhou durante todo o pré-natal, para avisar que chegou a hora e que já está indo para a maternidade.

— E a chave do carro está ali, dentro do potinho de cerâmica, em cima do aparador que fica embaixo do espelho, na sala — ela ainda acrescenta.

Carlos dá a falta de sorte de encontrar todos os sinais fechados, sendo obrigado a parar praticamente em quase todas as esquinas. Cleyde, embora sentindo as pontadas das contrações, cada vez mais frequentes, acha graça na falta de jeito e no desequilíbrio do jovem marido, e tenta acalmá-lo, fingindo uma calma que ela mesma também não tinha:

— Sabe, a nossa Gabriela vai ser linda. E acho que a gente foi muito feliz ao escolher este nome para ela: Gabriela, a enviada de Deus, em hebraico, comenta a jovem mulher.

— Lindo, lindo nome! — responde Carlos, ainda tenso. E acrescenta: — E vai ser um presentão pra nós dois, especialmente pra você, que fez aniversário há três dias, não é, mamãe?

— Ah, que alegria. Vamos poder comemorar os nossos aniversários juntas, e vamos pertencer ao mesmo signo. Você vai ter duas virginianas dentro de casa, hein, pai babão.

— Duas virginianas. Duas rainhas mandando na minha vida — Carlos responde, sorrindo.

Gabriela nasce linda, perfeita, e quando é colocada, pela primeira vez no colo da mãe, parece abrir um sorriso como só os anjos sabem fazer. Começava ali um novo mundo para Carlos e Cleyde, pais de Gabriela.

A menina crescia sem trazer maiores problemas, a não ser as doencinhas normais de toda criança.

O click-click, click-click da máquina fotográfica, que registrava todos os momentos da vidinha que agora começava, não mais causava estranheza no bebê, que se habituara a ser o centro das atenções.

Gabriela

Foto do primeiro banhinho. Foto do primeiro penteadinho. Foto das primeiras roupinhas. Fotos de tudo, todas guardadas em um álbum comprado especialmente para isso.

Dentro da casa de Cleyde, Carlos e Gabriela reinavam a paz e a harmonia. Mas, fora, além dos muros que guardavam o lar, a cidade se tornava cada vez mais violenta, com o noticiário mostrando a crueldade dos que roubam e matam por nada ou quase nada.

Cleyde, zelosa, não teve alternativa, tornou-se uma mãe protetora, e acompanhava a filha em todos os momentos. Mas, aos 14 anos, faltando poucos meses para completar 15, Gabriela argumentou que já era hora de começar a andar sozinha pelas ruas do bairro, ir para a escola sem a companhia da mãe, porque todas as suas amiguinhas tinham essa liberdade, só ela que não. O pai se deixou convencer e ajudou a filha a convencer a mãe. E a mãe, finalmente cedeu. Para começar, fariam um teste: Gabriela pegaria o trem do metrô na estação São Francisco Xavier e desembarcaria na estação seguinte, na Praça Saens Penna, onde a mãe estaria esperando por ela.

No dia 25 de março de 2003, Gabriela, pela primeira na sua vida, saiu de casa sozinha, confiante. Estava tão feliz que nem percebeu que a bilheteria da estação São Francisco Xavier estava sendo assaltada, e que os ladrões, na fuga, tentavam escapar subindo exatamente a escadaria pela qual ela descia para pegar o trem. Os ladrões defrontarem-se com um policial, que também descia os degraus da escadaria, e os marginais e o policial trocaram tiros, irresponsavelmente, sem o menor cuidado com as pessoas inocentes que por ali circulavam. No fim do tiroteio, o resultado trágico: dois policiais feridos, e Gabriela, atingida por uma bala perdida, quando tentava fugir para a rua, onde acabou caindo sobre a calçada, já do lado de fora, ainda respirando, sendo socorrida por um camelô. Levada para o hospital do Andaraí, Gabriela não resistiu. Cremada, suas cinzas foram espalhadas nas águas da Barra da Tijuca.

Presos, os cinco bandidos foram condenados pelo assalto à bilheteria do metrô, mas não pela morte de Gabriela, porque o juiz entendeu que não ficou comprovado que a arma da qual partiu a bala que matou a menina pertencia aos ladrões, e a arma do policial jamais foi encontrada.

Cleyde, a mãe de Gabriela, a menina enviada de Deus, sofreu um AVC e faleceu, no dia 5 de setembro de 2008. E Gabriela virou nome de uma rua na Tijuca. Se vivas fossem, Cleyde faria aniversário ontem, e Gabriela completaria 22 aninhas no próximo dia 30, terça-feira. Carlos, o pai, que traz no peito uma amargura que jamais se extinguirá, continua vivo, lutando para que os assassinos da sua filha, assim como os outros assassinos de tantas outras vítimas, sejam punidos pelo crime que cometeram.

Gabriela, a enviada de Deus, esteja você onde estiver, com certeza ao lado da sua mãezinha, tomara que toda essa tragédia não tenha sido em vão, e que não caia no esquecimento das autoridades, por mais que o tempo passe, e receba esta minha tardia homenagem, neste meu **BOM DIA**.

25. Cotidiano

O DESPERTADOR ESTRIDENTE ROMPE O SILÊNCIO da madrugada, avisando que é chegada a hora de acordar para mais um dia. Sonolenta, mas num impulso ágil, de tão mecânico, Maria Joana pressiona o botão e cala o relógio.

Sentada à beira da cama, com os pés, no escuro do pequeno quarto, tateia o chão, procurando encontrar as gastas sandálias de borracha, que nunca estão no lugar em que foram deixadas desde a última vez em que foram calçadas.

São três e meia da manhã. Sem fazer barulho, Maria Joana se move no interior da pequena casa, e vai direto para a cozinha. Sem acender as luzes, pega as panelas de arroz e feijão na geladeira, coloca um pouco de água em cada uma e acende o fogão.

O cheiro gostoso do tempero invade o corredor, atravessa a sala e toma conta dos quartos do casal e do seu único filho, um adolescente que dorme como se o mundo fosse um paraíso livre de problemas e preocupações.

A marmita fica pronta. O café já foi coado pelo filtro de pano, e o leite, espumando até a altura da boca da leiteira, já está fervido.

Uma toalha de plástico, enfeitada com florzinhas delicadamente desenhadas, cobre a pequena mesa de fórmica.

Está tudo pronto. É hora de acordar o marido, que precisa ser chamado várias vezes, até que desperte, cara amassada, hálito pesado, o mau humor de sempre, e sem responder ao "bom dia" que a mulher, sorridente, sussurra com sinceridade.

Ele entra no banho. Cara amarrada. Demora debaixo do chuveiro, e quando sai, encontra sobre a cadeira a roupa que vai usar naquele dia. A calça está bem passada, o vinco perfeito, a camisa esticadinha, sem um amassadinho sequer, e exalando o cheirinho gostoso de limpeza a sabão e graças às mãos sacrificadas pela mulher no tanque, que fica na soleira, nos fundos do quintal.

Sempre emburrado, sem um sorriso, o homem toma o seu café, pega a sua marmita e sai para a rua, revoltado com a caminhada que a que é obrigado a fazer até a estação, onde embarcará num trem superlotado, dezenas de homens e mulheres num vagão apertado, todos repletos de sonhos e esperanças: ganhar um aumento, conseguir um emprego melhor, acertar as dezenas milionárias da loteria. E a oração para que a vida e o trem não saiam dos trilhos.

O marido saiu para o trabalho. É hora de acordar o filho. Outra luta tem início. Chamado carinhosamente, o rapaz puxa a coberta e cobre a cabeça, para não ouvir o que a mãe lhe diz. Ela insiste. Puxa o lençol. Descoberto, ele usa o travesseiro para se esconder. Não adianta. A mãe, paciente, amorosa, arrasta o filho pelos pés, puxando-o para fora da cama.

De banho tomado, barriga cheia de pão com manteiga e café com leite, o uniforme escolar branquinho, branquinho, o filho de Maria Joana pega a mochila e sai correndo porta a fora, porque demorou tanto para levantar que, mais uma vez, acabou se atrasando.

Agora, sozinha dentro de casa, é hora de Maria Joana cuidar de si mesma. Às pressas, lava a louça do café, guarda as panelas, deixa alguma comidinha gostosa pronta para quando o menino chegar da escola, toma um banho, veste a sua roupa simples e vai, também ela, trabalhar.

Na empresa, mil coisas para fazer, começando pelos banheiros, especialmente os masculinos, sempre imundos de tanta urina no chão e pedaços de papel higiênico espalhados entre o vaso e a parede de ladrilhos brancos.

Na hora do almoço, a marmita traz quase nada, porque os melhores pedaços de frango ficaram para o marido e para o filho. Mariana Joana contenta-se com o frito que lhe cabe.

No fim da tarde, na hora de voltar pra casa, ônibus superlotado, parece que a vida se esvai nos intermináveis engarrafamentos na Avenida

Brasil e na via Dutra. Resignada, de pé, Maria Joana pensa se chegará em casa ainda a tempo de ver a novela, iludida de que a fantasia é a única saída para a sua realidade.

Ao chegar a casa, nem troca de roupa. Pede para ver os cadernos do filho, ajuda o menino a fazer a lição, corrige uma coisa ou outra, corre para a cozinha, para adiantar o café e o almoço de amanhã.

O tempo passa. O marido não chega. Maria Joana fica preocupada, temendo que o pior lhe tenha acontecido, tamanha é a violência, que sempre atinge os mais pobres, o trabalhador.

Já é bastante tarde, o capítulo da novela está quase no final, quando a porta se abre e o marido entra, passos firmes, cara de poucos amigos, e vai direto para as panelas, para ver qual será o prato de amanhã. Elogia o cheiro e a cor da carne assada, prova um pouquinho do arroz e do feijão, pergunta pelo filho, que lá do quarto responde, e começam a falar de futebol.

Antes de dormir, um pequeno lanche. Todas as luzes da casa são apagadas. No escuro do quarto, ele tira a sua camisa do Flamengo, passa as mãos nos cabelos de Maria Joana, aperta os seus seios com força carinhosa, beija a sua boca, diz "eu te amo, te amo, te amo" repetidas vezes, e enche a mulher de prazer, pra depois dormirem felizes e cansados, na esperança de que amanhã a vida vai melhorar.

Maria Joana, minha amiga, iguais a você existem outras mulheres, na Baixada, em todo o Rio de Janeiro, em todo Brasil. Mulheres que suportam um dia a dia que se repete ao longo dos tempos.

Uma casa, mesmo que modesta. Um emprego. Uma família. E muito amor. São coisas fundamentais e que não podem faltar na vida da mulher que faz o pouco se transformar no muito e justifica e alegra o nascer de cada nova manhã.

Para você, Maria Joana, e para tantas outras mulheres mais, o meu abraço, a minha gratidão, a minha admiração — neste domingo de descanso — e este **BOM DIA**.

26. André

EM UM PONTO À BEIRA DA AVENIDA BRASIL, Suzana levanta o braço e faz sinal. O ônibus para. Suzana embarca, cumprimentando:

— Bom dia, motorista.

— Bom dia. A senhora vai para a maternidade?

— Não, não. Vou à cidade, comprar roupinhas para o enxoval — ela responde.

— Vê lá, hein, se essa criança vai nascer aqui, dentro do meu ônibus! — o motorista adverte.

— Tem perigo, não. Estou no oitavo mês de gravidez. Falta muito para a criança nascer — ela tranquiliza.

— Acho que ainda tem um lugar pra você sentar, lá nos fundos, lá atrás — o cobrador orienta.

Suzana encaminha-se para o lugar vazio, enquanto o motorista coloca o veículo novamente em movimento, cuidadosamente, numa gentil civilidade que é rara nos dias de hoje.

— Dá licença, moço — ela pede ao passageiro que está sentado no banco em que ainda há um lugar vazio.

— Puxa, desculpe. Eu estava lendo este livro. Nem vi a senhora se aproximar — ele se explica. — Prefere sentar perto da janela? — ele quer saber.

— Eu gosto. Se o senhor permitir...

Suzana senta-se e o estranho puxa conversa. Ele conta que tem três filhos já criados, e que tem seis netos que são a alegria da sua vida. Fala da sua mulher, que já deixou esse mundo, e da saudade que sente da companheira maravilhosa, sempre com um sorriso nos lábios, disposta a ajudar, mãe dedicadíssima. O homem fala, também, das dificuldades da vida moderna, da violência que toma conta da cidade, das drogas que vão destruindo vidas e da luta que é orientar os meninos e as meninas para que fujam do vício e das armadilhas da *internet*. Até que o homem se dá conta de que só ele está falando, e faz uma pergunta a Suzana:

— E a senhora? Vai ser o seu primeiro filho?

— É sim. Sou marinheira de primeira viagem.

— Mas, a senhora parece muito calma. Já sabe o sexo da criança?

— Vai ser um menino. Eu preferia uma menina. Mas, o meu marido está feliz à beça — ela conta.

— Já escolheu o nome dele?

Suzana diz que o marido escolheu um nome bíblico, Isaías. Só que ela não gosta muito dessa escolha, porque acha que Isaías é um nome muito sério, antigo demais, nome de gente velha. O estranho explica que Isaías foi um grande profeta, talvez o maior da *Bíblia*, e que acha os nomes antigos mais bonitos do que esses nomes modernos que andam criando por aí.

— Richarlyson, Maiquilion e outros nomes esquisitos que as pessoas inventam. Ah, não dá! — ele resmunga, percebendo que acabara de chegar ao seu destino.

O companheiro de viagem de Suzana levanta-se, puxa a cigarra, despede-se e desce do ônibus. Ela segue viagem, vai desembarcar um pouquinho mais adiante, quando vê que o estranho esqueceu, em cima do banco, o livro que ele estava lendo. Bem que ela gostaria de devolver, mas como? Não sabia sequer o nome do estranho. Decidiu guardar o livro na sua bolsa, para devolvê-lo caso o reencontrasse qualquer dia desses.

À noitinha, ao chegar a casa, Suzana foi tirando das sacolas as roupinhas que comprou para o seu bebê, e arrumando-as sobre a cama, para mostrar ao marido quando ele chegasse do trabalho. Foi quando o seu telefone celular tocou. Ela atendeu. Era o marido, ligando para dizer que chegaria mais tarde, porque precisa fazer umas horinhas extras, para reforçar o orçamento doméstico, "afinal, vou ser papai, né?" — ele argumentou.

Bom dia, pai

Conformada, Suzana foi guardando as mantinhas, os babadouros, as camisinhas de pagão, tudo nas gavetinhas dos armários no quarto do filho que está para chegar. Ao remexer a bolsa, ela encontrou o livrinho que havia sido esquecido no banco do ônibus. Curiosa, decidiu folheá-lo, dar uma lidinha, para se distrair enquanto esperava pelo marido. Um texto intitulado "O peixinho prateado", chamou a atenção de Suzana. A historinha era mais ou menos assim:

"Era uma vez um peixinho prateado, que vivia num imenso lago artificial, construído nos fundos de um castelo majestoso. Como era muito pequeno, o peixinho prateado era discriminado e não conseguia fazer amigos, passando os seus dias isolado do cardume. Quando tentava se aproximar, os outros o expulsavam, ameaçando devorá-lo, caso insistisse. Um dia, o peixinho descobriu um buraquinho no fundo do lago, por onde a água escapava lentamente. Curioso, decidiu entrar, para ver onde aquele vazamento ia dar. Ao chegar do lado de fora do lago, o peixinho descobriu-se num córrego, com as suas águas correndo para um rio que corria para outro rio ainda maior, que corria para o mar. Deslumbrado com a viagem, o peixinho descobria que o mundo era muito maior do que a vida que ele conhecia no lago, descobria que do outro lado existiam outras formas de vida, vegetações maravilhosas. Encantado, decidiu voltar para o lago, para contar as suas descobertas para os outros peixes. Lá chegando, reuniu todo o cardume e narrou a sua experiência. Os outros peixes duvidaram, caíram na gargalhada e fizeram pouco do peixinho prateado, dizendo que ele estava maluco. Desiludido, chamado de mentiroso, o peixinho lamentou a ignorância dos seus colegas e voltou para o córrego, nadou pelos rios e foi viver num mundo maior e melhor chamado mar".

Suzana ficou fascinada. Foi ver o nome do autor. Estava escrito na capa: "Pelo espírito de André Luiz". E aí ela decidiu que o seu filho será batizado com este nome, André, André Luiz. Ao contar para o marido a sua decisão, ficou espantada com a reação dele:

— Não! Não! Não e não! O nome do menino já está escolhido: Isaías. Isaías vai ser o nome dele — ele esbravejou.

André

— Mas, querido, André é um nome tão bonito. E também é um nome bíblico, caramba. André foi um dos apóstolos de Cristo, você sabe disso muito bem — Suzana argumentou.

— Claro que sei. Só que você escolheu o nome por causa desse livro aí, um livro espírita, que fala de espíritos, reencarnação, essas coisas que a *Bíblia* condena. Somos evangélicos. Eu não aceito.

Se ele não aceita, Suzana também não cede, até porque é evangélica por causa do marido, e raramente vai ao culto. Daí a, manda um *e-mail* e pede a minha opinião.

André é um nome bíblico, assim como Isaias também o é. Que tal batizar a criança com o nome de ANDRÉ ISAÍAS ou ISAÍAS ANDRÉ? Assim, os dois, você e o seu marido, serão atendidos.

Só que, a meu ver, a questão verdadeira não é essa, não é a escolha do nome. A questão verdadeira é que vocês devem estar unidos e tenham o objetivo comum de fazer o melhor por esse filho que está para nascer; se começam se desentendendo por causa de uma questão assim tão simples, temo pela formação do menino, que deve ser criado para ser um homem de bem, sem preconceitos, sem mágoas e sem ressentimentos.

Desejando que o seu filho seja um homem do bem, para você, para o seu marido e para uma criança que ainda vai nascer, dedico a minha amizade, o meu carinho e este **BOM DIA**.

27. Vovô

A MÃO DO AVÔ ERA IMENSA, calejada, de dedos amarelados e exalando odor de cigarro. A mão do menino era miúda, rosada, gordinha, e cabia com sobras e conforto dentro da mão ainda firme do velho homem.

E quando a sua mão era envolvida pela mão do avô, o garoto sentia-se feliz e seguro, certo de que nada de mal lhe aconteceria, protegido que estava pela força e pelo amor do vovô, que exibia o netinho pelas ruas da cidade, em passeios que jamais deixarão de existir nas lembranças e no coração de Pedro Paulo.

Órfão de mãe, Pedrinho foi morar com os avós maternos, que apesar das dificuldade não poupavam esforços para atender todas as necessidades do menino, mesmo que isso os obrigassem a muitas privações: a prioridade era o Pedrinho, a educação, a alimentação, a felicidade do Pedrinho.

O pai, quando aparecia para as suas visitas ao filho, não conseguia disfarçar que estava cumprindo uma obrigação, uma tarefa da qual procurava se livrar o mais rapidamente possível, para poder voltar a curtir o seu resto de domingo com os amigos, jogando conversa fora e enchendo a pança de cerveja nos bares do bairro.

Apesar disso, o menino lhe tinha amor, sentia a sua falta, gostava e queria estar com ele. O avô, com jeito e preocupação, procurava mostrar ao pai de Pedrinho que ele precisava ser mais atencioso com a criança:

— Olha, Geraldo, o seu filho é louco por você — dizia o avô.

— Eu sei, coroa. Você acha que eu não sei? — respondia o pai.

— Quando você vem visitá-lo, puxa vida! Ele fica muito feliz. Você bem que podia dar um jeitinho e aparecer mais vezes, ficar mais tempo com ele.

— Ah, não tenho tempo, não. Tenho que trabalhar, ganhar grana, pagar as contas — o outro dizia, revelando o seu aborrecimento com o assunto.

Vovô

O avô, então, se calava, e evitava falar nas despesas do garoto, o plano de saúde, a creche, as roupinhas, os remedinhos, os brinquedos, tudo, enfim, que uma criança precisa, e que era bancado com o dinheiro suado que ganhava, passando horas e horas atrás do volante de um táxi, especialmente nas madrugadas perigosas da cidade. O pai não dava um tostão sequer para a manutenção do filho. Todas as despesas corriam por conta do avô.

Pedrinho ia crescendo, percebendo que o pai, cujas visitas foram se tornando cada vez mais raras, não lhe tinha amor. E isso o deixava triste, acabrunhado, com o forte sentimento de que faltava alguma coisa muito importante na sua vida.

Um dia, já aos catorze anos de idade, decidiu procurar pelo pai e cobrar dele, se não carinho, amor e atenção, que pelo menos o ajudasse a pagar um curso de inglês. O pai considerou aquilo uma audácia, um abuso:

— Onde é que já se viu? Você nunca me procura, mas agora vem à minha casa e, na frente da minha mulher e dos meus filhos, na maior cara de pau, exige dinheiro? Vai te catar, moleque! Não te devo nada. Sai da minha casa, sai. Desinfeta! — gritava o pai.

Humilhado, ofendido, o rapaz fica sem reação. Sai da casa paterna e, na calçada, é dominado por uma fúria incontrolável, decide voltar e tomar satisfações, se impor, dizer umas verdades para o canalha que é o seu pai.

Toca a campainha. Bate à porta. Grita pelo nome do pai. E xinga cada vez mais alto. Mas, ninguém atende. Cansado, rouco, desiludido, vai embora, perambula pelas ruas da cidade, pensando na sua má sorte de ser filho de alguém assim.

O avô percebe a amargura do neto e quer saber o que está acontecendo. O rapaz diz que está tudo bem, que não foi nada, que está apenas preocupado com as provas na escola.

— Mas, você é fera, garoto, só tira nota boa — diz o avô, fingindo alívio, mas duvidando da história, porque percebia que havia algo mais pesado no coração do menino.

Foi neste seu momento de tristeza que Pedrinho acabou convencido pelos amigos a experimentar o seu primeiro cigarro de maconha. Da maconha, passou para o álcool. Do álcool e da maconha passou para a cocaína, e a sua vida virou de pernas para o ar. Não tinha horário mais nada. Na escola, o seu rendimento foi a zero. O quarto, que ele sempre mantinha arrumado, cada coisa no seu lugar, virou uma bagunça. Até com a sua aparência e a sua higiene ele relaxou, usando a mesma roupa suja dias seguidos, sem tomar banho.

A avó, desesperada, não sabia mais o que fazer para continuar escondendo do avô o que estava acontecendo, e decidiu abrir o jogo, contar toda a sua desconfiança:

— Olha, meu velho, alguma coisa de muito ruim está acontecendo com o nosso neto — disse a mulher ao marido.

— Já notei. Eu pergunto. Ele não diz o que é, não se abre mais comigo. Nem de passear comigo, no táxi, ele gosta mais. Acho que é da idade — disse o avô.

— Não, meu velho. Ele não toma mais banho, não vai mais à escola, acho que ele está usando drogas, meu velho, usando drogas! — a avó enfatizou.

Diante disso, o avô botou abaixo a porta e invadiu o quarto de Pedrinho. O rapaz deu um salto da cama, perguntou o que estava havendo e, pela primeira vez nos seus dezesseis anos de vida, gritou com o avô, dizendo que não aceitava aquela intromissão, aquela invasão à sua privacidade e apontando a porta, berrou:

— Fora daqui, seu velho! Sai do meu quarto, velho escroto! Velho nojento! Sai! Sai! Sai!

O avô, tomado de surpresa e amargura, ficou paralisado. Ele nunca poderia esperar uma coisa daquelas por parte do seu netinho, o menino que ele embalou no colo, a quem ensinou amar o Vasco, o garoto que com ele foi às serestas para ouvi-lo cantar e aplaudi-lo entusiasmado, a criança a quem mostrou as coisas boas e positivas da vida, o rapaz que ele amava mais do que tudo.

— Tá bom. Desculpe. Eu não devia invadir o seu quarto assim. Vou sair. Quando quiser, você me procure pra gente conversar — falou o avô, dando as costas e se retirando.

Pedrinho, ao ver o avô assim, derrotado, correu atrás dele, abraçou o velho pelas costas e, soluçando, pediu desculpas. Neto e avô ficaram ali durante horas, praticamente em silêncio, até que o garoto tomou coragem e confessou o vício das drogas, o desgosto de ter sido maltratado pelo pai, abrindo o coração, deixando que viessem á tona as suas mágoas e os seus ressentimentos mais profundos.

O avô pegou a mão de Pedrinho, que já não era mais tão pequena, e envolveu na sua, que já não era mais tão forte, e fizeram o pacto: juntos sairiam dessa, dariam a volta por cima. Ficaram mais unidos do que nunca. Tornaram-se mais amigos do que nunca. O velho de cabeça branca e o rapaz, um admirando e respeitando o outro.

O tempo passou. Pedro Paulo ainda hoje chora a morte da avó, e não consegue consolar o avô, que lamenta a ausência da sua companheira de toda uma vida, numa saudade que nem mesmo as falhas de memória conseguem apagar.

Hoje casado, pai de dois meninos, Pedro Paulo não sabe o que fazer com o velho, que mora com ele e, nos seus momentos de lucidez, pede para ser internado num asilo, porque não quer ficar atrapalhando a vida do neto. E a mulher de Pedro reclama, diz que o velho é um estorvo, dá despesa, uma trabalheira, uma canseira terrível, tantos são os cuidados que exige.

Daí, Pedro me pergunta:

— Se eu colocar o meu avô, que está com 81 anos, num asilo, serei um canalha. O meu avô quer, mas eu não vou fazer isso. Que se dane a minha mulher — ele diz.

Bom dia, pai

Pedro Paulo, meu amigo, você tomou a decisão que o seu coração, transbordante de amor e gratidão, mandou. E você está certo. Mas é preciso administrar bem a insatisfação da sua mulher, para que os problemas do seu avô não acabem provocando a separação de vocês.

Se você tiver uma foto em que você e o seu avô estão de mãos dadas, quando você ainda era criança, mostre para ela e diga-lhe que a mão do seu avô não é mais tão forte e a sua mão não é mais tão pequena, mas as duas se mantém unidas pelo amor. E estes laços são para sempre.

Ela vai entender. Receba o meu abraço, a minha admiração e este **BOM DIA**.

28. Aladim

HÁ PASSAGENS NA VIDA DA GENTE que se tornam impossíveis de ser classificadas, de tão inesperadas, de tão extraordinárias. Foi no que fiquei pensando depois de ler, emocionado, o *e-mail* que me foi enviado pela Clarice Loureiro, do Jardim América.

Com poucas alterações, feitas apenas para torná-la o mais radiofônica possível, faço a leitura da história, agora, também para você. Dona Clarice diz assim:

"Foi amor à primeira vista. Irresistível. Inapelável. E a minha filha, para demonstrar esse amor, atirou-se ao chão, esperneou, chorou, agarrou-se à gaiolinha em que ele estava preso, fazendo um verdadeiro carnaval, chamando a atenção de todo mundo.

O cãozinho, um filhotinho de labrador, dentro da sua prisão, parecia se divertir com aquela história toda, saltitando de um lado para o outro, embora o espaço fosse exíguo, e latindo o seu latido fino de filhote em festa. O meu marido tentava argumentar com a nossa filha, explicando que um cachorro daquele dá muito trabalho, gera muita despesa com veterinário, ração, e que por isso tudo seria impossível levá-lo para casa. A minha filha, porém, não recuava. Agora usando outra tática, dizendo-se uma criança muito sozinha, que não tinha irmãozinhos, não tinha ninguém para brincar com ela, fazendo beicinho e fazendo charminho, e pouco a pouco foi convencendo o pai.

O vendedor da loja percebeu que aquele era o momento apropriado para fazer a abordagem e oferecer os seus serviços. Aproximou-se. Afagou a cabeça da minha filha. Abriu um sorriso e, já retirando o cãozinho de dentro da gaiola e colocando o animal no colo do meu marido, deu os parabéns pela compra, explicando que aquela raça adora criança, é educada, amiga, inteligente, fácil de ser cuidada, que não exige muitos luxos.

E foi assim que, numa tarde de sábado, nos tornamos donos de Aladim, nome que a minha filhinha escolheu para ele. Em casa, ele era

Bom dia, pai

uma alegria só, trazendo uma felicidade que eu imaginava impossível de ser proporcionada por um simples animal irracional. Até eu, de repente, me vi apaixonada por ele, que crescia rapidamente. O meu marido, entretanto, perdeu o emprego. Como não conseguia nova colocação, foi se tornando um homem amargo, sempre mal humorado e às vezes até violento. Para esquecer os problemas, ele costumava ir para o botequim e se embriagava. Aladim ficava até altas horas esperando por ele, deitado diante do portão, olhos e ouvidos atentos aos cheiros e ruídos da rua. Infelizmente, na sua embriaguez, ao ser recebido com festa pelo cachorro, o meu marido se irritava e desferia violentíssimos pontapés e atirava pedras contra o animal que, humilhado e ferido, gania e ficava olhando de longe, tomando conta dos passos trôpegos do seu dono.

O curioso é que Aladim ficava cada vez mais apegado ao meu marido que, por sua vez, ficava cada vez mais indiferente a tudo, escravo da bebida. Numa manhã de domingo, bêbado desde cedo, o meu marido começou a gritar, a berrar, ameaçando-me de morte, dizendo que eu fora uma praga na sua vida. Minha filha, naquela época com 8 anos de idade, chorava e pedia ao pai para parar com aquilo. Mas ele estava enlouquecido, dizendo que eu era uma carola idiota, que Deus não existia e que, se Deus não existe, pouco importava a vida de quem quer que seja. E partiu com a faca para cima de mim. Eu, implorando piedade, chorava. Eu dizia que Deus iria nos ajudar, nos salvar, nos apontar um caminho. O meu marido, então gritou:

— Então, que esse tal de Deus mostre agora qual é o caminho! Que mostre agora!

Foi nesse momento que Aladim, de cabeça baixa, se interpôs entre nós. Na boca, o cachorro trazia, como eu o havia ensinado a fazer com os meus chinelos, um exemplar da *Bíblia* que eu sempre mantinha na minha mesinha de cabeceira. Ao perceber a *Bíblia* na boca do cão, o meu marido teve um impacto, a bebedeira passou como num passe de mágica. Ele se ajoelhou. Afagou a cabeça de Aladim. Pegou a *Bíblia*. Abraçou o cachorro. Abraçou a nossa filha. Abraçou a mim, e pediu perdão. Naquele mesmo domingo, voltamos a frequentar a igreja.

Com a ajuda do pessoal do nosso grupo de oração, ele conseguiu um novo emprego, e hoje, se não somos ricos, pobres também não somos. Aladim já nos deixou. Nós o encontramos morto, no fundo do quintal, numa manhã fria de setembro. Nunca nos esqueceremos dele e de como Deus o usou para reavivar, no coração do meu marido, a esperança, a fé, a felicidade, a paz e a mais bonita de todas as devoções".

Bom. Esta é a mensagem da Clarice, que reproduzi na íntegra para você, nesta manhã setembrina de domingo, na esperança de, de alguma forma, indicar que a sorte e a boa-venturança podem surgir de maneira imprevisível e inesperada na vida da gente. Seriam milagres?

Na esperança de que tenha gostado, pra você, que agora me ouve, o meu carinho e este **BOM DIA**.

29. Dama

POLÊMICO À SUA ÉPOCA, o dramaturgo Nelson Rodrigues costumava dizer que a prostituição é uma vocação, jogando por terra o argumento de quem alega vender o corpo por necessidade, para sobreviver, matar a fome e até sustentar a família.

Há quem esteja de acordo com o escritor, defendendo que existem outras formas de se ganhar a vida, com honestidade e dignidade, além de vender o sexo, e que só vai para a prostituição quem gosta da chamada vida fácil.

Fiquei pensando nisso, se a prostituição é vocação ou se é necessidade, ao tomar conhecimento da sua história, minha sofrida e humilhada Mariana.

Nascida no interior das Minas Gerais, filha de mãe extremamente religiosa e que, apesar de analfabeta, aprendeu ou decorou todas as orações católicas, inclusive em latim, você foi criada ao pé dos altares da igreja e da sala da sua casa, ajoelhada diante do oratório construído e montado por seu pai para agradar a mulher, que era considerada quase uma santinha entre as amigas e vizinhas da pequena localidade.

O seu pai, homem rude e ignorante, só se dobrava diante da mulher, a quem ele incensava e a quem reverenciava com palavras e atos de uma surpreendente submissão. Quanto a você, ele a tratava como se você nem existisse, não se dava sequer ao trabalho de falar com você, passando dias e dias sem dirigir uma palavra, um olhar, um gesto de carinho.

Foi assim que os seus pais incutiram na sua cabeça uma fé cheia de temores, inundada de medos e pavores e o horror de se imaginar ardendo nas chamas do inferno, para sempre, para purgar os seus pecados. Não mentir. Não matar. Não roubar. Honrar os dez mandamentos, mas que significavam um mundo de limitações, gerando um caráter instável e inseguro, porque a fé não brotou naturalmente no seu peito, sendo imposta pelos pais.

Ao chegar à adolescência, você e foi invadida pelo desejo e pelas fantasias sexuais. O seu corpo pedia. E as suas noites de sono eram embaladas por sonhos eróticos, e você despertava cansada e feliz, de tanto prazer involuntário. O corpo dos meninos da igreja era desejado por você, que queria tocá-los, sentir o calor da sua pele, o cheiro dos seus cabelos, a sua carne contra a carne deles.

Só Deus sabe como você resistia a tantas tentações, só Deus sabe!

Um dia, aos 16 anos de idade, os seus pais disseram que você iria casar. O seu futuro marido era um homem quarenta anos mais velho do que. Você tentou se rebelar, mas os seus pais pressionaram e mostraram as vantagens daquele matrimônio arranjado. Você não teve forças. Você não teve quem pudesse ou quisesse socorrê-la, nem o padre da paróquia, que estava sempre disposto a ouvir as confissões do seu rebanho, mas que nada fazia de efetivo para aliviar as dores da pobreza e dos preconceitos das suas ovelhas.

A lua de mel foi, surpreendentemente, uma delícia. O seu marido, homem vivido e experiente, tocou em você com delicadeza, nos lugares certos, no momento certo, proporcionando prazeres e sensações que arrepiaram os seus pelos dos pés à cabeça. A partir daquele instante, você amou aquele homem, e esperava meiga, dengosa, o cair da noite, quando se oferecia inteira, insaciável, para as gostosuras do sexo.

No entanto, logo a diferença de idade começou a pesar, e as doenças já afligiam a saúde cada vez mais delicada do seu homem, minando a sua disposição, fazendo-o evitá-la na cama, enquanto você rolava de um lado para o outro, pegando fogo, ardendo de vontade, queimando de desejo.

A doença do seu velho marido foi se agravando, a ponto de impedi-lo de sair de casa. A solução foi receber a visita do médico em domicílio. O doutor era jovem, bonito, educado, e olhava para você de um jeito, parecia que estava tirando as suas roupas com os olhos. E a cada vez que era olhada assim, a recordação dos beijos que o seu marido dava em todo o seu corpo invadia o seu coração, que acelerava. Você percebeu que não conseguiria resistir àquela tentação durante muito tempo, e decidiu

Bom dia, pai

contar para o seu marido. Falou das suas necessidades, das suas carências, do quanto sentia falta das mãos de um homem, da boca quente de um companheiro. Com lágrimas nos olhos, ele ouviu tudo. E prometeu uma solução.

Quinze dias depois, na próxima visita do médico, ele pediu que você saísse do quarto, para poder conversar sozinho com o doutor. Os dois ficaram trancados um tempão, pareceu uma eternidade. E quando o médico saiu, sem a menor cerimônia, agarrou você pelos ombros, beijou a sua boca, lambeu o seu ouvido, arrancou a sua roupa e você não teve forças para resistir. No final, satisfeita, relaxada, um sentimento de culpa fez você chorar. Na manhã seguinte, a primeira coisa que você fez foi contar para o seu marido tudo o que havia acontecido. Ele virou o rosto para o outro lado, nada disse e fingiu que voltara a dormir.

A partir de então, as visitas médicas passaram a ser semanais, e você esperava ansiosa para se entregar com volúpia. Foram oito meses assim, até que o médico sugeriu a companhia diária de uma enfermeira. O seu marido e você concordaram. Só que, em vez de uma enfermeira, o seu marido contratou um enfermeiro, que supria a ausência do médico também na sua cama.

Num final de tarde, o seu marido mandou chamá-la no quarto. Era uma despedida, porque ele pressentia que não resistiria por muito tempo mais. No leito de morte, com a voz fraca, fazendo esforço para falar, ele pediu que você abrisse a gavetinha do criado-mudo; e você viu uma pilha assim de dinheiro, notas e mais notas. Ele disse que era tudo seu, que era o pagamento do médico e do enfermeiro pelas horas de sexo com você. Foi um espanto. Jamais passara por sua cabeça que o seu marido cobrasse dos seus amantes. Humilhada, você chorou. Mas ele pegou a sua mão e disse que você sempre foi uma prostituta, porque nasceu com essa vocação, essa fome de sexo e dinheiro. Você quis morrer. Terminou tudo com o médico e com o enfermeiro e, após a morte do seu marido, vendeu tudo o que tinha e veio para o Rio de Janeiro. Linda. Sofrida. Vivida. Mas, sem uma profissão definida. Ainda forte e jovem, o desejo voltou com força total. Acreditando que esse era mesmo o seu destino, passou a exercer a chamada vida fácil, ganhando dinheiro para atender a toda e qualquer vontade sexual dos seus clientes.

Agora, aos 79 anos, acredita que está no final da vida e se arrepende de tudo o que fez, e morre de medo de ser condenada às chamas do inferno, morre de medo do julgamento final. Você diz que foi assim porque você é assim, gosta de ser assim.

O que mais intriga a você, nessa história toda, é como uma garota, nascida e criada sob a luz da fé e da religião, numa cidadezinha das Minas Gerais, trazia na alma a vocação para a prostituição.

Mariana, não sei o que dizer, porque me veio à mente uma das cenas bíblicas mais conhecidas em todo o mundo:

"Aquele que nunca pecou, que atire a primeira".

Eu, pecador confesso, diante disso, me limito a oferecer a minha solidariedade, a minha compreensão e este **BOM DIA**.

30. Mulher de PM

SOCIÓLOGOS, PSICÓLOGOS, HISTORIADORES e outros estudiosos até hoje ainda discutem se o homem já nasce com as características que o marcarão ao longo da sua existência ou se o seu caráter e a sua personalidade são moldados pelo ambiente, pelo tipo de educação que lhe é dada, ou se pelo amor que recebe no decorrer dos seus dias.

Santo Agostinho, nas suas Confissões, cita uma passagem por ele cuidadosamente observada: duas crianças recém-nascidas sugavam as tetas da mãe, em busca do alimento. Mas, um menino não tirava o olho de cima do outro, cada qual invejando e desejando possuir o bico do seio que estava na boca alheia.

Para Santo Agostinho, parece que já nascemos assim, com a semente da inveja, a semente da ambição, que se desenvolverão ou não de acordo com a nossa formação, a nossa fé, que é também um freio para os erros que o espírito traria em si desde o ventre materno.

Beberão. Mulherengo. Devasso. Com essas palavras Agostinho se descrevia, até o dia em que, para felicidade da sua mãe, Mônica, santa Mônica, Deus ouviu e atendeu as preces maternas, tirando o seu amado filho do caminho em que se encontrava, trazendo-o para a luz.

Lembrei-me de Agostinho por causa de você, minha doce e querida Solange, que numa carta em que expõe toda a sua sensibilidade, confessa o seu espanto e a falta de entendimento dos fatos que marcam a sua vida.

Nascida, criada e vivida na zona da Leopoldina, foi nas escolas daquela região que aprendeu as primeiras letras, e foi pelas ruas de Ramos que pela primeira vez correu em liberdade, em bandos de crianças felizes, soltas entre risos e brincadeiras sem malícia.

E quando chegou o tempo em que a menina só quer e só pensa em namorar, você se encantou pelo garoto mais tímido do grupo. A timidez dele era tanta que, sem alternativa, você tomou a iniciativa e roubou-lhe um beijo, num fim de tarde de céu avermelhado, um espetáculo tão comum nos verões do Rio de janeiro. A ousadia, no entanto, teve efeito contrário ao esperado por você.

O garoto, a partir daí, tremia quando você estava por perto, a voz lhe faltava, e ele mantinha os olhos baixos, para evitar e fugir da luz do seu olhar. Quanto mais constrangido ele ficava, mais você se apaixonava, a ponto de pedir às amigas para que dessem uma força, aproximando vocês.

Foi assim que, numa brincadeira de PERA, UVA OU MAÇÃ, uma colega apertou com força a sua mão, dando o sinal de que fora ele o escolhido por você, que estava de olhos vendados, para receber um prêmio. E você pediu UVA, que nada mais era do que um beijo na boca.

A meninada toda gritando "beija! beija! beija!", e o garoto não teve como escapar. Morrendo de vergonha, envolveu você num abraço desajeitado, encostou os lábios dele nos seus e, tentou fugir! Mas você não deixou. Agarrou o menino, insistiu e, quando abriu os olhos, ele já estava beijando os seus cabelos, suas orelhas, o seu nariz, o seu pescoço, a sua boca, sem parar, sem parar, sem parar.

Vocês não tinham mais do que 14 anos de idade, e o namoro engrenou. Foi ele o seu primeiro namorado. Foi ele o seu primeiro homem, numa entrega de amor e paixão, já aos 16 anos.

Ele era tudo o que você queria. Amigo. Educado. Generoso. E sonhador, sempre planejando uma vida de felicidade para vocês, até que a morte os separasse. Com ele, você passou a gostar de cinema, entendeu a beleza dos poemas e da poesia e deixou que se aprofundasse a sua atração pela música.

Quando ele foi aprovado e ingressou na Polícia Militar, vocês casaram. E aí partir daí as coisas foram mudando.

Sempre respeitoso, ele agora dava de falar palavrões e fazer xingamentos a todo instante, a cada cinco palavras três eram de baixo calão, estava se tornando agressivo, resmungão, insatisfeito com tudo e com todos.

Bom dia, pai

Desgostosa e temerosa, você acompanhava a transformação do seu homem, "da água para o vinho", como no dizer bíblico. E não sabia o que fazer, não sabia como agir para impedir que ele libertasse de vez a fera que existia dentro dele, mas que só agora se dava a conhecer, só agora você percebia.

Ter um filho. O primeiro filho. Você tinha certeza de que um filho emocionaria e comoveria o seu companheiro, trazendo de volta o homem gentil e generoso que ele fora um dia.

E deu certo. Mas, só nos primeiros anos. Logo, logo a brutalidade e a intolerância voltaram aflorar nas expressões dele, que agora pouco dormia em casa, passava dias sem aparecer e começou a ganhar um dinheiro cuja origem você temia questionar.

Com sofrida resignação, você suportava tudo, até mesmo o tapa na cara, desferido com força, no dia em que você, chorando, pediu um carinho, uma atenção.

Mas foi na noite em que ele, alucinado, espancou o filho de vocês, só porque o garoto recitava poemas de Vinícius de Moraes, que você percebeu que tudo chegara ao fim. E saiu de casa naquela mesma madrugada, levando o menino e as roupas do corpo.

Hoje você acredita que ele sempre foi um lobo em pele de cordeiro, mas que ao ganhar a farda, ao empunhar uma arma, soltou o monstro que resistia à boa formação familiar que ele teve. Você não consegue acreditar que fazer um homem a seguir o caminho do mal seja mais fácil do que fazê-lo trilhar o caminho do bem.

Mas fica na dúvida se deve ou não perdoá-lo, aceitando os seus insistentes pedidos de perdão. Já se passaram oito anos. O filho de vocês, o único filhos de vocês, é homossexual, e não quer saber do pai, não esquece as agressões que sofreu.

Solange, minha doce e querida Solange, uma velha história conta que todos temos dois cães dentro de nós: o primeiro é manso, amigo, companheiro, o segundo é mau, violento, agressivo, e que vai crescer mais forte aquele dos dois que a gente alimentar melhor.

Infelizmente, foi o que aconteceu com o seu marido: ele deixou de alimentar o bom e deixou crescer o pior dos seus cães. Talvez, se ele deixar a farda e se livrar da realidade cruel com a qual convive diariamente, em que às vezes é preciso matar para sobreviver, talvez ele volte a ser o menino tímido cordial que você conheceu um dia.

Converse com ele sobre essa possibilidade. Tente, também, convencê-lo a se submeter a um tratamento psicológico, porque este será o primeiro passo em direção ao reencontro com a tranquilidade. Na esperança de que assim seja, para você o meu abraço e este **BOM DIA**.

31. Irmãzinhas

HÁ MUITO EU NÃO OUVIA uma história de amor verdadeiro, desses cujos ingredientes indispensáveis são a abnegação, a dedicação, a resignação e a entrega absoluta, sem nada esperar em troca.

Uma história de amor que se levada para às telas do cinema, através dos olhos sensíveis de um artista, nos fará chorar lágrimas de solidariedade e encantamento com as riquezas que o coração das pessoas pode revelar, se exigido e posto à prova.

Tudo começou há 22 anos, quando nasceu Dayara Cristina Apolinário Amaral Pereira, no interior de São Paulo. Sua chegada, no entanto, não foi motivo de festa, razão de celebração, porque era mais uma boca que a mãe teria que alimentar, mais uma criança a ser vestida, educada e encaminhada nesta vida. E dinheiro para isso não havia.

A mãe de Dayara não dava sorte nos seus relacionamentos, vivia trocando de companheiro, que logo tratavam de abandoná-la quando ela engravidava, deixando-a com a sua ninhada num apertado barraco, feito de paredes úmidas e esverdeadas de infiltração e de limo, criado pela água da chuva que escorria sobre a cal branca.

O pai de Dayara não foi diferente dos outros, e tratou de abandonar a família à própria sorte, sumiu, para nunca mais voltar. Nem um mês se passou e a mãe de Dayara já trazia um novo homem para dentro de casa.

E num pescar de olhos a mãe de Dayara engravidava mais uma vez, dando a luz outra menina.

Dayara, uma criança ainda, banhava, alimentava e ninava a irmãzinha, para que a mãe pudesse sair para o trabalho.

Dayara era a verdadeira mãe da sua irmãzinha, e mais zelosa e atenta ficou quando percebeu que o novo companheiro, o novo padrasto, era mal encarado e mal educado e não tinha paciência e começou a maltratá-las.

Irmãzinhas

Se a caçulinha chorava, ele e gritava com ela, dava-lhe palmadas e ainda aplicava uma surra daquelas na pobre Dayara, que tentava defender a menorzinha. Eram duas criaturas indefesas sofrendo nas mãos de um animal.

A mãe de Dayara, alegando que precisava do apoio do companheiro para manter a casa, nada fazia em defesa das filhas. Os vizinhos, no entanto, se indignaram e chamaram a polícia. Diante dos maus-tratos evidentes sofridos pelos meninas, uma decisão judicial encaminhou as duas para o Centro Educacional à Criança e ao Adolescente, um orfanato, onde passariam a viver até que fossem adotadas por uma alma generosa.

Dayara, ao saber que iria para o orfanato, fugiu. Aos 8 anos de idade, ela preferiu a incerteza, o perigo e a indiferença das pessoas nas ruas ao desconhecido mundo dessas instituições mal conceituadas.

Durante uma semana, Dayara dormiu debaixo das marquises, cobrindo-se com uma folha de jornal, até que a sua resistência foi quebrada por uma evidência forte e clara: ela não podia viver longe da irmãzinha, a irmãzinha de quem cuidou desde o seu primeiro dia de vida.

A saudade era sufocante, provocando tristeza e lágrimas. Pela irmãzinha, por causa da irmãzinha, voltou e se apresentou para ser encaminhada para o orfanato que, no final das contas, não era tão ruim como ela imaginara.

Lá, podia conviver com a sua irmãzinha, cuidar da irmãzinha, não permitir que nada de mal lhe acontecesse, ensinar-lhe as primeiras palavras, segurá-la e apoiá-la na tentativa dos seus primeiros e cambaleantes passos, que o passar do tempo transformaria num caminhar firme e certo.

Muito bonitinha, inteligente, Dayara teve três oportunidades de ser adotada e fazer parte de uma nova família, mas não quis, não aceitou. Embora o seu grande sonho fosse sair do orfanato, não conseguiria fazê-lo sem a irmãzinha. E foi ficando. E foi ficando. E foi ficando.

Bom dia, pai

Aos quinze anos, ganhou o direito de estudar fora do orfanato, tendo a oportunidade de conhecer e conviver com outras pessoas e conquistando o seu primeiro namoradinho.

O tempo voa, e Dayara já estava com dezoito anos de idade e não podia mais ficar no orfanato. Teve que deixar a instituição e seguir a sua vida. Ao contrário da maioria, Dayara tinha para onde ir, porque já havia conseguido um emprego, como auxiliar de caixa, e estava de casamento marcado.

Nestes últimos quatro anos, longe do orfanato onde viveu dos oito aos dezoito anos de idade, Dayara tem persistido na conquista do objetivo maior da sua vida: adotar a sua irmãzinha, que agora tem catorze anos de idade e quer ser fotógrafa e modelo.

Na Justiça, Dayara já obteve a sua primeira vitória, conseguiu a guarda provisória da irmã, por cento e oitenta dias. Depois deste prazo, ela acredita que terá o direito de adotá-la definitivamente. "Para quem esperou durante dez anos para sair de um orfanato, cento e oitenta dias não são nada", diz Dayara, que planeja oferecer à irmã uma alegria que ela mesma não teve, uma linda festinha de quinze anos, que a menozinha está prestes a completar.

Tomara, Dayara, que a justiça dos homens, desta vez, seja verdadeiramente feita e não separe duas almas que Deus uniu, e que você obtenha o direito de adotar a sua irmã caçula, para coroar com êxito e felicidade a sua linda história de amor verdadeiro, que é benigno, não é ciumento, não se gaba, não procura os seus próprios interesses, não fica encolerizado, não leva em conta o dano, não se alegra com a injustiça, mas alegra-se com a verdade, suporta todas as coisas, espera todas as coisas, persevera em todas as coisas.

Pra você, Dayara, o meu carinho, a minha amizade, a minha admiração e este **BOM DIA**.

32. Renovação

A CAMINHO DO TRABALHO, preso no trânsito sempre congestionado da avenida Brasil, seu Ramiro relembrava a sua juventude e o seu primeiro dia no seu primeiro e único emprego. Foi há 45 anos, graças à indicação de um amigo do seu pai.

Ramiro era um menino ainda quando se apresentou ao futuro chefe, um português de poucas palavras e quase nenhum sorriso.

O patrão olhou para Ramiro e pareceu não acreditar que aquele garoto magro, com o rosto tomado pelas espinhas, seria capaz de atender às necessidades da então pequena empresa, que crescia graças à dedicação e à força de trabalho do dono, sempre atento a tudo, cuidando para que nada saísse errado e para que o cliente fosse sempre bem atendido.

Ramiro começou ajudando a secretária do chefe nas tarefas externas. Era boy. Inexperiente, não conhecendo o centro da cidade, era obrigado a perguntar a cada esquina onde ficava a rua tal, como chegar à avenida X, onde fica a empresa assim e assado. E poucas não foram as vezes em que se viu perdido em plena Rio Branco e suas transversais, demorando horas para resolver uma tarefa que poderia ser solucionada em poucos minutos.

Esperto, logo dominava o mapa da cidade, conhecendo as vias principais, as paralelas, becos e ruelas, além dos principais edifícios e o ponto final das linhas de ônibus que trafegavam para Norte ou para Sul. Nas horas vagas, a secretária ensinava Ramiro como datilografar textos e cartas comerciais numa velha máquina de escrever, cuidando para não borrar as cópias e a ponta dos dedos com a tinta do papel carbono.

Muitas vezes, cansado, Ramiro pensou em não ir à escola noturna. Mas o patrão, severo, exigia que Ramiro levasse a serio a sua educação, e cobrava dele as lições, os cadernos sempre limpos e arrumadinhos, escritos em letras redondinhas, incansavelmente treinadas no caderno de caligrafia.

Seu Ramiro recordava tudo isso com um sorriso nos lábios e uma imensa saudade do patrão, que havia morrido, com bem mais de 80 anos. Graças a ele formou-se, evoluiu, cresceu na empresa, saindo de boy a diretor do Departamento de Recursos Humanos.

— Acorda, seu velho filho da puta! — gritou um rapaz, sem capacete, de cima de uma moto, para dentro do automóvel, assustando e despertando seu Ramiro dos seus devaneios. Só então ele percebeu que o trânsito havia andado, e que uma grande fila de carros se formava atrás do seu, com motoristas impacientes apertando as suas buzinas.

Seu Ramiro colocou o seu veículo em movimento, enquanto descia a janela para poder ouvir o que o motoqueiro vociferava.

— Vai pra casa, velho! Vai pro asilo! Velho roda presa! — gritava o motociclista.

— Calma, rapaz, calma. Pra que essa agitação toda, se logo ali adiante vamos todos ficar parados outras vez? — seu Ramiro argumentou. O jovem, entretanto, pareceu não lhe dar ouvidos, acelerou a moto e sumiu entre os caminhões, ônibus e carros que entupiam a avenida.

Ao chegar ao local de trabalho, seu Ramiro cumprimentou a recepcionista, chamou a secretária e anunciou que começaria logo a entrevistar os candidatos às vagas de emprego que a firma oferecia. Escolher novos empregados era uma atividade que seu Ramiro gostava de realizar pessoalmente, orgulhando-se muito de ter acertado na maioria das vezes em que fez esse tipo de seleção.

A secretária anunciou o nome do primeiro candidato e abriu a porta para que ele entrasse na sala. Seu Ramiro, de imediato, reconheceu o rapaz: era o motoqueiro da Avenida Brasil, aquele que lhe disse mil palavrões e lhe dirigiu ofensas cabeludas, chamando-o de velho gagá. O rapaz, porém, não reconheceu seu Ramiro.

— Bom dia. Meu nome é Ramiro. Pode sentar — seu Ramiro começou a entrevista. O rapaz, visivelmente nervoso, foi explicando que estava cursando uma faculdade graças a uma bolsa do governo e que precisava

Renovação

muito trabalhar, para poder ajudar os pais, que estavam doentes e desfiou um rol de dramas pessoais.

— Mas, você tem uma moto, não tem? Como você comprou a moto, se não tem trabalho e a sua família é tão pobre? — seu Ramiro foi direto ao ponto.

— É que eu... — gaguejou o rapaz.

— Eu sou aquele velho que você ofendeu, hoje cedo, na Avenida Brasil, lembra? — seu Ramiro revelou, para espanto do pretendente ao emprego.

— Desculpa, seu moço, desculpa, perdão — foi o que o motoqueiro, constrangido conseguiu dizer. Seu Ramiro, então, se levantou, foi até a secretária e pediu para que ela dispensasse os outros candidatos.

Ele e César — este é nome do motoqueiro — continuaram conversando durante a manhã inteira. No final, César foi contratado.

Na última sexta-feira, na festa de despedida de seu Ramiro, que decidiu se aposentar, César era o mais emocionado de todos, agradecido pela mão estendida que aquele velho homem lhe ofereceu, dando-lhe a oportunidade de sair de um caminho, pelo qual ele havia entrado, que parecia não ter saída.

Amanhã, segunda-feira, César será promovido a gerente, trabalhando ombro a ombro com vários homens e mulheres, todos selecionados por seu Ramiro ao longo do tempo, que souberam aproveitar a primeira oportunidade verdadeira que receberam em suas vidas. Em casa, seu Ramiro, com certeza, amanhecerá invadido pela saudade dos seus meninos e meninas, beijando as fotos que carinhosamente guarda de cada um eles, que também envelhecerão e terão sempre em mente o que o antigo chefe lhes dizia:

— Só envelhece quem não repassa para os mais jovens as coisas que sabe; viverei para sempre em vocês.

Seu Ramiro, para o senhor, em nome de todos os seus amigos, o nosso reconhecimento, a nossa gratidão, a nossa emoção e este **BOM DIA**.

33. Professora

SE NEM TODAS AS PESSOAS evidenciam a razão do mistério que as trouxe à vida, outras há que dúvidas não deixam quanto à sua missão sobre a face da Terra.

Foi nisto que fiquei pensando, minha doce e querida Iza, após a leitura atenta e emocionada da sua carta muito bem escrita.

Numa letrinha miúda, enfileirando letras e palavras e formando ideias com beleza e clareza, você conta a sua história e a descoberta da sua vocação, na verdade uma revelação, um instante de encanto e magia que se tornou eterno, repetido pelas crianças que passaram por você, na sua sala de aula, numa escolinha pública do subúrbio distante.

Entender como as vogais e as consoantes são unidas, gerando a escrita que reproduz os sons que dão nomes às coisas e às pessoas, aprender a ler, foi a maior felicidade da sua existência.

Foi um deslumbramento, que trouxe a descoberta dos segredos dos livros, das histórias da carochinha até as filosofias mais complexas e sofisticadas dos grandes intelectuais e pensadores da Humanidade, no seu papel de nos fazer duvidar, pensar, analisar, pesquisar e buscar a verdade.

Se "Ivo viu a uva", você descobriu também onde nasce e onde se põe o sol, descobriu a objetividade e a exatidão dos números, suas frações, suas abstrações, as somas e as multiplicações, e aprendeu como o Brasil foi descoberto, as naus portuguesas, das viagens de Cabral aos navegadores modernos, ultrapassando todos os limites, quebrando barreiras, conquistando os mares, as terras, os planetas, chegando até a lua, numa evolução que, parece, nunca mais terá fim.

O simples ato de ler, de saber ler, ampliou o seu horizonte, proporcionando cultura, conhecimento, sabedoria e emoção, através dos ensinamentos milenares da *Bíblia*, na poesia de Fernando Pessoa explicando que "tudo vale a pena, se a alma não é pequena", nos versos de Vinícius

Professora

de Moraes, na fina ironia dos contos de Machado de Assis, em tantos livros, em todo e qualquer livro.

Ao descobrir a leitura, você descobriu também a sua missão: ensinar. Ser professora sempre foi tudo o que você quis, para poder desfrutar e partilhar com outras pessoas a felicidade e a emoção de decifrar o a-e-i-o-u e dominar o abecedário, entendendo o que os outros dizem, as mensagens reveladas e as mensagens ocultas nas entrelinhas dos textos das revistas e dos jornais.

Até hoje você se lembra do seu primeiro aluninho, que aprendeu a ler com a sua ajuda, com a sua orientação generosa e paciente. Era um garotinho assim, desse tamanhinho, pretinho, tímido. Quando ele descobriu o significado das primeiras palavras, os seus olhinhos se abriram, num despertar de alegria sem igual, e brilharam um brilho tão intenso que você chegou a acreditar que nunca mais veria algo parecido.

Engano seu. Depois do primeira, ao longo da sua existência milhares de crianças, ricas, pobres, remediadas, brancas, negras, amarelas, todas as etnias, passaram por suas mãos amigas, que ajudaram na formação do caráter, da personalidade e, principalmente, do nascimento da esperança no viver.

Mais de trinta anos da sua vida você dedicou à sua missão, ajudando os seus estudantes a caminhar pelas muitas estradas que se abrem pelo mundo. Foi você quem lhes ensinou a abrir portas, a escancarar janelas e a escolher as trilhas e as paisagens, o horizonte a ser buscado.

E tudo isso você realizou sabendo que jamais teria o retorno da fortuna material, porque para você bastavam uma casinha própria, modesta, um carrinho usado, discos e livros e as crianças que chegavam inseguras e saíam da sua turminha de cabeça erguida, repleta de sonhos para o futuro melhor.

Hoje, aposentada, viúva, o rádio, os livros nas estantes e as fotografias dos seus meninos e meninas são a sua companhia, num mundo em que as memórias a invadem trazendo o orgulho e a certeza do dever cumprido.

Bom dia, pai

E muito especialmente, as crianças consideradas difíceis recebiam a sua atenção, a sua dedicação, porque elas precisavam, mais do que as outras, de alguém que lhes estendesse a mão, alguém que lhes olhasse com ternura, alguém lhes desse amor, alguém que lhes mostrasse as possibilidades de um amanhecer melhor, graças ao simples fato de saber ler, escrever e assim compreender as coisas do mundo.

Na sua cartinha, você comete apenas um engano, um pequeno erro que é, ao mesmo tempo, também uma injustiça: aposentada, você se define como sendo uma "ex-professora".

Iza, dona Iza, tia Iza, professora Iza, "ex-professora" não existe, porque tudo o que a mestra ensina fica para toda a eternidade nos seus alunos, que repassam para os seus filhos, que repassam para os seus netos, até o fim dos tempos.

Hoje, depois de tantos dias, posso dizer estas poucas palavras, aprendidas, entendidas e compreendidas graças a você, em gratidão por tudo que eu sei, por tudo o que você me ensinou. E falo em nome de outros garotos e outras garotas que se perderam de você nos labirintos desse mundo, mas que devem carregar no peito a mesma gratidão que me acompanhará até o fim, leve e eterna, no meu coração.

Professora Isa, de Cascadura, pra você e para todas as professoras desse Brasil em que a educação é tão desprestigiada, a minha homenagem pelo seu dia, a minha amizade, o meu carinho, o meu respeito e este singelo e modesto **BOM DIA**.

34. Machão

LOGO NO SEU PRIMEIRO DIA DE TRABALHO, o rapaz se fez notar pela simpatia e pelo interesse que mostrava em aprender as coisas. Comunicativo, fazia perguntas, pedia orientações e ousava dar sugestões, revelando possuir uma inteligência um pouco acima da média.

Era o seu primeiro emprego. E o gerente decidiu que o empregado mais antigo da fábrica ficaria responsável por ele, repassando a sua experiência, os seus conhecimentos, tudo adquirido com muitos anos de prática atrás das máquinas.

— Seu Raimundo, este é o Pedro, que está começando hoje com a gente. O senhor será o orientador dele, seu Raimundo — disse o chefe.

— Chefe, o senhor sabe que não gosto de ninguém me enchendo o saco. É melhor o senhor colocar o garoto para aprender com outro.

— Seu Raimundo, se o senhor e o garoto não se derem bem, eu passo ele pra outro. Não foi assim que a gente fez das outras vezes?

— Foi — limitou-se a responder o empregado, de cara amarrada e evidente mau humor.

Na fábrica, embora admirado por causa da sua competência e do seu imenso senso de responsabilidade, seu Raimundo não era muito querido pelos companheiros, porque tinha um comportamento arredio, evitando conversas e cortando toda e qualquer iniciativa, por parte dos colegas, de aproximação, de maior intimidade.

Seu Raimundo era caladão. Seu Raimundo era um homem triste.

Ao verem que o novo aprendiz teria que conviver com seu Raimundo, os demais operários reativaram a bolsa de apostas: quem acertasse o período de tempo que o garoto resistiria ao lado do "Rabugento", como seu Raimundo era chamado pelas costas, ganharia toda a bolada, todo o dinheiro apostado.

O primeiro dia, para Pedro, não foi fácil. O rapaz demonstrava curiosidade, mas seu Raimundo o ignorava completamente.

— Seu Raimundo, como o senhor consegue fazer esse acabamento, assim perfeito, tem um macete? — ele puxava conversa.

— Droga! Num me atrapalha. Olha e aprenda. Droga — dizia seu Raimundo, e se calava.

No entanto, para surpresa de todos, após quinze dias, o rapaz e o seu mestre já eram vistos trocando ideias, expondo pontos de vista. No final de um mês, todos na fábrica já tinham como certo que Pedro havia conseguido o impossível: conquistar o velho Raimundo.

As afinidades eram tantas, e iam sendo descobertas pouco a pouco, que seu Raimundo e o aluno Pedro não se desgrudavam mais, onde estivesse um, o outro estaria junto. Tomavam o café da manhã juntos. Almoçavam juntos. Faziam o lanche da tarde juntos. E dividiam tudo, o bife, a batata frita, o sanduíche, o refrigerante.

Na fábrica, todos notavam, e todos comentavam.

Em casa, dona Lia, mulher de seu Raimundo, percebia a transformação que se realizava no seu marido. Ele não era mais o homem melancólico que ela conhecera, o homem de muito siso e pouco riso. Agora, ele sorria, contava coisas do trabalho, à mesa, na hora do jantar, e não se cansava de elogiar o seu garoto, Pedro, o seu aprendiz:

— Olha, Lia, o garoto é arretado de inteligente. Pega as coisas assim ó, de primeira — ele dizia, olhos brilhando de felicidade.

Se o seu homem estava feliz, dona Lia também estava.

Por causa da amizade com o rapaz, seu Raimundo passou a chegar a casa mais tarde, especialmente às sextas-feiras, quando os dois saíam para beber uma cervejinha e jogar conversa fora, discutindo futebol e outras coisas mais.

— Tu num acha esquisito, esse negócio desse garoto com o Raimundo? — um operário perguntou ao outro.

— É, né, o cara era todo marrento, num falava com ninguém, agora vive risonho, se abrindo que nem um paraquedas. Aí tem, aí tem — o outro respondeu, transbordando de malícia.

Machão

    Os comentários desse tipo foram ficando cada vez mais frequentes, até não se falava mais em outra coisa na fábrica.

    — O que é isso, gente? O Raimundo não é boiola, não. Ele é casado, caramba — um defendia.

    — E daí? O que mais tem nesse mundo é homossexual casado — o outro rebatia.

    — O garoto fez o Raimundo sair do armário — outro mais zombava.

    A maledicência era tanta que acabou caindo nos ouvidos de dona Lia. Ela, diante das insinuações das más línguas e da evidente mudança ocorrida no marido, também passou a observá-lo mais atentamente, com uma desconfiança que aumentava a cada dia.

    — Como é que foi o seu dia lá na fábrica, como está o Pedro, aquele seu novo colega? — ela jogava o verde para colher o maduro.

    — Ele é demais, Lia. Inteligentíssimo. É o melhor amigo que eu tive na vida. Nunca gostei tanto de um amigo como gosto do Pedrinho...

    — Pedrinho, é? Agora é Pedrinho? Ele não está grandinho demais para ser tratado assim? Fala sério, Raimundo, fala sério.

    — O que é isso, Lia? O que você está insinuando, mulher? Quebro a tua cara, mulher! Quebro a tua cara! — exaltou-se seu Raimundo.

    E Lia, apesar das ameaças feitas por ele, e apesar do medo que sentiu naquela hora, acabou expondo toda a verdade. Falou da estranheza que sentiu ao perceber que o marido, antes um homem triste, caladão, sem amigos, era agora uma pessoa alegre, feliz, que passava os dias assobiando e gastando parte do salário comprando roupas e presentinhos para um colega de trabalho.

    — Além do mais, todo mundo lá na fábrica já percebeu, todo mundo fala da sua "grande" amizade com esse rapaz — dona Lia despejou tudo de uma só vez, para espanto de seu Raimundo, que se calou, deu as costas e foi para a rua, batendo com força estrondosa a porta da casinha simples.

Naquela noite, ele dormiu na casa de Pedrinho. E aproveitou para abrir o seu coração, para revelar ao outro o seu sentimento verdadeiro, o amor profundo que sentia pelo rapaz.

Ao ouvir a confissão de seu Raimundo, Pedro agarrou-se a ele, no mais caloroso e mais apertado dos abraços, enquanto se beijavam, carinhosamente, na testa, no rosto.

Pai e filho, finalmente, se reencontravam. Não se viam há 19 anos.

Embora não o visse há tanto tempo, Raimundo reconheceu o seu filho, abandonado por ele, quando era ainda um bebê, numa cidadezinha no interior de Pernambuco. A criança tinha sido fruto de um romance entre Raimundo e a mulher que ele mais amou na vida, Flora, que morreu na mesa de parto, por falta de atendimento médico adequado. Raimundo não tinha mais do que 20 anos de idade. Ao se ver, assim tão jovem, com um filho no colo, ficou desnorteado, deixou o menino aos cuidados de uma tia e veio para o Rio de Janeiro, tentar a sorte, prometendo-se que, tão logo pudesse, retornaria à sua cidade natal, para buscar o garoto. Promessa que nunca cumpriu. E esta era a razão da sua tristeza: morria de arrependimento e se culpava por ter deixado o filho para trás.

No começo, a tia mandava fotos, cartas contando as travessuras do menino. Com o tempo, Raimundo foi mudando de endereço e perdeu o contato com ela.

Na fábrica, no departamento de Recursos Humanos, a documentação mostrou que Raimundo era mesmo o pai de Pedro, devidamente registrado na certidão de nascimento. Os exames de sangue e as fotografias reforçaram esta certeza.

Decepcionado com o comportamento de Lia, sua mulher, que duvidou da sua masculinidade, seu Raimundo mora na casa do filho, e não sabe se deve ou não perdoar a esposa. Pedro acha que sim, porque acredita que dona Lia também foi vítima nessa história toda, porque Raimundo não teve coragem de contar passagens importantes da sua vida, mantendo em segredo questões tão relevantes, escondendo da sua companheira verdades que um dia haveriam de vir à tona.

Perdoe, porque você foi o grande e único culpado por toda essa confusão. Reúna toda a sua família sob um mesmo teto e sejam felizes.

Sinceramente desejoso de que isso aconteça, pra você, Raimundo, pra dona Lia, sua mulher, e para os seus filhos, a minha amizade, o meu estímulo e este **BOM DIA**.

35. *Nojo*

DANIELA SENTIU-SE MAL durante a noite inteira. Mal pregava os olhos, era tomada por um enjoo que lhe dava ânsias de vômito. Foram muitas as vezes em que se levantou para ir ao banheiro, da casinha modesta localizada no subúrbio. Ao amanhecer, cansada, desabafou com uma vizinha:

— Puxa vida, passei mal a noite inteira, enjoada, vomitando, um sufoco.

— Você não está com dengue, não? Com essa mosquitada que inferniza a nossa comunidade, pode ser dengue — respondeu a vizinha.

Não. Dengue não poderia ser, porque não tinha febre e o seu corpo não apresentava manchas avermelhadas. Talvez um pastel com caldo de cana, o último lanche que Daniela fez antes de dormir, tenham sido as causas. Embora abatida, vestiu a melhor roupinha que possuía e saiu, em busca de emprego, em busca de trabalho, na luta pela sobrevivência, o dia a dia cada vez mais difícil na vida de uma mulher solteira. Percorreu o bairro inteiro, oferecendo os seus serviços. Não teve sorte. No finzinho do dia, voltou para casa, desanimada, quase que descrendo de tudo. De estômago praticamente vazio, tentou dormir e, mais uma vez, não conseguiu: os enjoos e as ânsias de vômito voltaram ainda mais fortes do que na noite anterior. Daniela decidiu que o melhor seria fazer um chazinho, para revigorar o fígado. Foi à casa da vizinha:

— Vizinha! Vizinha! Ô, vizinha! Por favor — ela gritou, do portão, sem tomar a liberdade de entrar no quintal da outra sem autorização.

— Caramba, Daniela, que gritaria é essa, garota? E logo na hora da minha novela! O que tá acontecendo, menina, fala — atendeu a vizinha, emburrada.

— Tô passando muito mal, aqueles enjoos, vômitos. Você tem pouquinho de chá pra me emprestar? — Daniela pediu.

Nojo

— Chá? Você quer chá? Chazinho num vai resolver o teu problema, não, garota. Não mesmo: tu tá grávida! Tu tá grávida! Grávida!!

Daniela quase que desmaia, de fraqueza e de susto. Grávida. Ela não havia sequer cogitado essa possibilidade, nem de longe poderia imaginar que estivesse esperando um filho. A vizinha, desconcertada com a inocência ignorante de Daniela, se ofereceu para acompanhar a amiga até a um hospital público, para tirar a dúvida. Daniela não aceitou, alegando que bastaria comprar um desses testes que confirmam ou desmentem uma gravidez e que são facilmente comprados nas farmácia. A vizinha, insistente, não fez por menos:

— Vou com você, comprar esse negócio. E vou te ajudar a fazer o teste. Quero ser a madrinha desse anjinho que tá aí na tua barriga, Daniela.

O resultado foi positivo. Daniela seria mamãe. A gestação não foi fácil. Foi uma gravidez complicada. Daniela teve pressão alta, teve eclampsia e a criança acabou nascendo de sete meses, com muitos probleminhas de saúde, inclusive uma doença rara que provocava feridas no cérebro da menina. Apesar de tudo, a criança resistia e foi batizada e registrada com o nome de Vitória, em reconhecimento à sua luta pela sobrevivência.

Sem recursos para cuidar adequadamente da pequena Vitória, Daniela recorreu ao Hospital Universitário de Taubaté, no interior de São Paulo, onde o atendimento e a medicação eram oferecidos gratuitamente. Mas foi lá que um aluno-médico, ao perceber a necessidade e a humildade de Daniela, dela se aproveitou: tratou de estuprá-la, dizendo que Daniela precisava do hospital:

— Se você contar pra alguém, a sua filha vai ficar sem médico, sem remédio, sem nada — falou o médico-aluno no seu ouvido, no fundo do consultório, enquanto a penetrava com violência.

Daniela não acreditava no que estava acontecendo. Nem mesmo no pior dos seus pesadelos poderia supor que, um dia, seria violentada por um médico, dentro de um hospital. Indignada. Humilhada. Revoltada.

Bom dia, pai

Ferida. Daniela procurou a direção do Hospital Universitário de Taubaté e contou que tinha sido estuprada pelo doutorzinho. A direção do hospital preferiu não acreditar em Daniela, e não tomou qualquer providência. A infeliz mulher, aos 21 de idade, voltou para casa destroçada, sentindo-se um trapo, e com uma filha de apenas um ano e três meses à beira da morte, nos seus braços.

Não sabia o que fazer. Não sabia a quem recorrer. E a vizinha aconselhou:

— Daniela, corre, antes que seja tarde; tua filha vai morrer, garota! Vai pro hospital da prefeitura! Corre! Corre! Corre!

Maltrapilha, despenteada, triturada nas suas emoções e nos seus sentimentos, Daniela, com a pequena Vitória nos braços, correu para o hospital público, levando a mamadeira e a seringa cheia com o remédio que Vitória precisava tomar. Lá, ela foi atendida pela doutora ÉRICA SKAMARAKIS, na sala de emergência. De repente, sem mais nem menos, diante de todos os outros pacientes, médicos e enfermeiros, a doutora Érika acusou Daniela de ter matado a própria filha, a pequena Vitória.

— Você matou a sua filha! Você matou a criança! Você deu cocaína para a sua filha! Cocaína! Overdose! Assassina! — berrou a doutora.

Daniela entrou em estado de choque. Perdeu a fala. Perdeu toda e qualquer capacidade de reação, diante de uma acusação tão grave E da notícia, dada assim, impiedosamente, da morte da sua amada filha. Os policiais que ali se encontravam, na mesma hora prenderam Daniela, chamando-a de "vagabunda, ordinária, vadia". Na delegacia de Pindamanhogaba, o delegado Carlos Prado Pinto não quis muita conversa: ao ver Daniela em estado de choque, concluiu que ela estava doidona, travada, por causa da cocaína, e jogou a desgraçada atrás das grades. As outras presas, ao saberem da acusação que pesava contra Daniela, começaram a espancá-la. Durante os 37 dias em que esteve presa, Daniela Toledo do Prado, que à época tinha apenas 21 anos de idade, teve o seu rosto desfigurado. As outras presas quebraram a sua clavícula, quebraram a sua mandíbula, enfiaram uma caneta no seu ouvido e vazaram o seu olho direito. Embora gritasse desesperada e gemesse de dor, ninguém foi socorrê-la. Ninguém. Daniela só saiu da cadeia porque ficou em coma e teve que ser levada para o hospital. O laudo para descobrir qual era a substância que Daniela carregava na seringa, e que a doutora Érika afirmou ser cocaína, demorou exatos 37 dias para apresentar o resultado. E o resultado deixou bem claro: o pó branco que a médica encontrou na seringa e na boquinha da pequena Vitória não era cocaína.

Daniela finalmente ganhou a liberdade. Mas a Justiça, apesar de todas as evidências, ainda demorou mais dois anos para absolvê-la das acusações. Hoje, seis anos depois de tudo, Daniela evita sair de casa, porque tem medo de apanhar das pessoas na rua, por causa da repercussão do caso, que foi exibido em todos os jornais e nos mais fantásticos programas de televisão, que chamavam a pobre Daniela de "o monstro da mamadeira".

— Tomo antidepressivos. Sinto muitas dores de cabeça. Estou cega de um olho. Estou surda de um ouvido, perdi a minha filha e a minha própria vida — ela desabafa.

Agora, depois de tantas humilhações, Daniela acaba de ganhar, na Justiça, uma indenização de vinte e cinco mil reais — um quinto do que ganham, por mês, alguns ilustríssimos juízes desse país — e mais uma pensão vitalícia de 414 reais. Isso caso o governo do Estado de São Paulo não recorra, para não pagar.

Quanto à doutora Érika, o Hospital Público da prefeitura de Taubaté informa que ela está em férias, viajando em lua de mel, e por isso não pode mais falar sobre o assunto. Quanto ao delegado que prendeu Daniela, chamando-a de vagabunda e ordinária, o tal de doutor Paulo Roberto Rodrigues, este também prefere o silêncio. De boca fechada também está o outro delegado, o doutor Carlos Prado Pinto, que atirou Daniela atrás das grades. A direção do Hospital Universitário de Taubaté, informa que levou o caso do aluno-médico que estuprou Daniela à Justiça, e que está a à espera de uma decisão para definir de que forma vai agir.

Bom dia, pai

Daniela Toledo do Prado, vítima da Justiça falível e corrupta dos homens, que se deixam perder pela vaidade, pela ambição, pela arrogância e pela prepotência, modesta e com toda a sua simplicidade, embora desempregada, diz como vai gastar o dinheiro que receberá de indenização:

— Vou usar o dinheiro para criar uma instituição para cuidar de crianças doentes, especialmente de crianças que tem doenças raras, como aconteceu com a minha pequena Vitória. Quero ajudar as mães que são violentadas todos os dias nesse país só porque são pobres.

Daniela, torcendo e orando para que casos como o seu não se repitam, embora a gente saiba que cerca de 40% dos presos em todo o país ainda não foram sequer julgados, e desejando muito que outras pessoas e instituições estejam ombro a ombro com você nessa luta, receba o meu carinho, a minha admiração plena, e este envergonhado, por só agora emprestar a minha voz à sua história — **BOM DIA.**

36. Memória (Alzheimer)

"OLHA AQUI/ PRESTE ATENÇÃO/ essa é a nossa canção/ Vou cantá-la seja onde for/para nunca esquecer o nosso amor/ nosso amor". Estes são os versos, de autoria de Luiz Ayrão, de uma canção que saia dos estridentes alto-falantes do parque Xangai, na Penha, quando Arthur viu pela primeira vez Maria de Fátima. Foi numa tarde de domingo, em um verão tipicamente carioca, de muito sol, muito calor e muita gente nas ruas.

Arthur ficou apaixonado, e os amigos não deixaram escapar a oportunidade de duvidar da sua coragem, zombando e fazendo pouco da situação, até que ele, numa surpreendente ousadia para um tímido rapaz de apenas vinte anos, partiu determinado em direção da garota.

As amigas de Fátima, estrategicamente, saíram de perto, sumindo entre as árvores e os brinquedos que giravam, deixando-os a sós. Arthur recorda que as suas pernas tremiam, que a sua voz não queria sair, e que sentiu uma vontade imensa de correr dali, esconder-se no silêncio do seu quarto e morrer de vergonha.

A garota, no entanto, agiu com desenvoltura, abrindo um largo sorriso ao responder que sim, que ele poderia fazer-lhe companhia, e que gostaria muito de andar no trem fantasma, e foi logo pegando Arthur pela mão e se dirigindo para a bilheteria, para comprar o ingresso.

Quando se deu conta, o rapaz gargalhava do ridículo das caveiras e monstros de gesso e pano que estavam ali para assustar as pessoas. A menina, porém, soltava gritinhos agudos, cobria os olhos com as mãos, abaixava a cabeça até os joelhos e dava a impressão de que, se a viagem não terminasse logo, teria um colapso, teria um troço e acabaria morrendo ali mesmo, tamanho era o seu pavor.

Era a primeira vez que se viam, mas pareciam amigos de longa data.

Aquele dia está guardado para sempre no coração de Arthur. O sabor do primeiro beijo, com leve gostinho de maçã do amor, ainda agora ele sente na boca, enquanto fecha os olhos para que as lágrimas escorram em liberdade.

Fátima era seis anos mais velha do que Arthur. Para ele, tanto fazia como tanto fez. Casaram-se. Tiveram três filhos. Foram felizes durante trinta e quatro anos, registrando, primeiro em fotografias, depois, em filmes e no computador, todos os bons momentos da família. E foram muitos estes momentos.

As fotos, embora antigas, não deixam mentir e comprovam como Fátima era bonita, vestida de noiva, emocionada e chorando de alegria na igreja, na hora do sim; ou na hora do parto, embalando nos seus braços os filhos recém-nascidos; aquele passeio ao Nordeste; tudo documentado, tudo eternizado e datado, com a letrinha miúda de Fátima no verso, informando a hora, o dia e local em que a fotografia foi batida.

Outro dia, Arthur percebeu que Fátima esqueceu o nome de uma vizinha, sua amiga. Depois, notou que ela não lembrava a receita da sua torta de limão, a sobremesa preferida dos garotos. Numa outra vez, ela esqueceu a panela no fogão aceso e quase tacou fogo na casa, com o pano de prato que caíra sobre a boca que não tinha sido apagada. Milhares de vezes perdeu os óculos. Infinitas vezes deixou de cantar, no meio, a música que marcou o primeiro encontro, o namoro, o casamento e a vida dos dois, porque não se lembrava mais da letra.

Algo estava errado, muito errado. A decisão foi tomada: mesmo contra a sua vontade, Fátima foi ao médico, que deu o diagnóstico aterrador: Alzheimer. Fátima tem Alzheimer, e já se encontra num estágio adiantado, embora ainda não tenha 65 anos, que é quando o mal costuma se apresentar.

Cura a doença não tem — disse o médico. E vai piorar com o passar do tempo, entrando em fases cada vez mais graves. Os remédios, caríssimos, de quase nada adiantam. Ter mudado a alimentação apresentou resultado nenhum. Levá-la para passear, fazê-la conviver com outras pessoas, tudo isso dá em nada. Jogar o jogo da velha, dama, baralho, nada traz de volta a memória de Fátima, uma mulher cada vez mais irritada,

Memória (Alzheimer)

cada vez mais isolada, cada vez mais silenciosa, porque não recorda das palavras, e Arthur não se conforma, não aceita.

Revoltado com a cruz que Deus lhe deu, desabafa, num e-mail que é só tristeza, e pergunta que justiça divina é essa, que castiga dessa forma, roubando as lembranças da sua mulher.

Fátima olha para o marido e não o reconhece. Fátima olha para os filhos, mas não sabe quem são eles. As fotos, centenas delas, os filmes, centenas deles, nada significam para ela, apagando as grandes felicidades vividas ao lado dos seus.

Arthur quer jogar tudo no lixo, porque acha que essas coisas perderam a sua razão de ser; "De nada adianta registrar em papel e nos filmes, se Fátima apagou tudo da sua memória" — ele afirma.

No entanto, recentemente, a netinha chegou a casa comendo maçã do amor e deu um pedaço para Fátima. Ao provar da fruta, olhou para Arthur e uma lágrima escapou dos seus olhos. Não foi preciso dizer nada. Estava tudo dito. Do primeiro beijo, Fátima não se esqueceu, e Arthur, agora, traz essa certeza no peito.

Arthur, meu amigo, da Ilha do Governador, não preciso responder às suas dúvidas, porque você teve a resposta que esperava e tanto queria. Portanto, guarde as fotografias, as fitas de VHS, tudo enfim que tenha registrado uma história tão bonita de amor, eternizada na lembrança de um beijo, numa tarde de domingo, com o gosto da maçã.

Com a minha amizade, o meu respeito e toda a minha solidariedade, para você um abraço e este **BOM DIA**.

37. *Casa Amarela*

ROSA NASCEU NUMA CASA AMARELINHA, de varanda de telhado puxadinho, inclinado para baixo, e as telhas combinando com o chão vermelho, feito de cimento queimado.

Nas laterais, a casa tinha, à esquerda, um jardim; à direita, espaço para guardar o carro que o pai sonhava ter um dia, e que nunca se tornou realidade.

As janelinhas eram brancas, de madeira, e se abriam em bandas, deixando entrar a brisa da noite, a luz das estrelas e da lua e o calor do sol a cada amanhecer.

Dentro da casa, as portas eram imensas, separando os quartos da sala, da cozinha e do banheiro. As paredes eram altíssimas, e o forro, sempre pintadinho de branco, também era de madeira, tornando os ambientes elegantes e aconchegantes, embora não houvesse ali luxo nem ostentação. A beleza da casa estava na simplicidade das suas formas e na qualidade do material utilizado para erguê-la e mantê-la de pé ao longo do tempo, abrigando uma família, a família de Rosa.

Nas manhãs de verão, a mãe carregava a menina recém-nascida no colo, mostrando-lhe as coisinhas todas que encantam as gentes num jardim. O copo de leite. A margarida. A samambaia. A dama da noite. O lírio. O cravo. E a rosa. O cravo e a rosa que, segundo a cantiga, brigaram debaixo de uma sacada, o cravo saindo ferido e a rosa despedaçada.

Os primeiros passos, Rosinha os deu ali, entre joaninhas, abelhinhas, mosquinhas verdes ou azuis sempre paralisadas no ar, num voo que era mistério e fascinação e causava surpresa pela velocidade da manobra com que saíam do lugar: agora, aqui, já, já, ali, riscando uma curta distância no espaço.

Tantas flores Rosa plantou, tantas flores Rosa regou, tantas flores Rosa colheu para enfeitar o vasinho de louça que decorava a mesa de jacarandá que ficava no meio da sala, sobre os tacos da tábua corrida,

Casa Amarela

sempre brilhando, de tão limpos, de tão encerados pelas mãos calosas da mãe. Dava gosto de ver.

Nos fundos da casinha amarelinha, onde Rosa nasceu, ficava a área de serviço, com o tanque de pedra e a sua torneira sempre pingando, a corda de arame grosso que suportava o peso das roupas lavadinhas e dos lençóis absurdamente brancos, cheirando a sabão.

O pé de carambola, escondido lá atrás, recebia, discretamente, a visita dos pardais e de outros pássaros mais nobres, sempre caçados pelos meninos com as suas arapucas, as armadilhas que mentiam oferecer alpiste quando na verdade atraiam os pobres bichinhos para a prisão das gaiolas, para cantar, embora cantem melhor quando soltos na natureza, na liberdade que Deus lhes deu.

Foi ali, na casinha amarelinha onde Rosa nasceu, que a sua avó morreu. O corpo da velha senhora foi velado na sala, estendido sobre a mesa, à luz de velas, enquanto o seu filho chorava soluçando forte, o nariz e os olhos vermelhos, sem forças para falar, sem energia para agradecer aos que foram dar o último adeus àquela mulher, que era conhecida no bairro pelas plantinhas e ervas medicinais que distribuía de graça para quem quisesse, para quem precisasse.

Anos mais tarde, e Rosa já era uma mocinha, foi no murinho da varanda, debaixo de uma samambaia que ficava pendurada no alpendre, e que foi a única testemunha, foi ali que Rosa beijou pela vez primeira a boca do seu namorado, o seu primeiro amor, que morreu como a flor, ainda em botão, deixando espinhos para sempre no seu coração, como cantava mestre Cartola

Naquele tempo, Campo Grande era quase que uma cidadezinha do interior, um bairro tomado pelos pequenos sítios, chácaras, granjas, pequenos criadores de gado, gente pobre trabalhando na lavoura, cuidando do verde das alfaces, das plantações de aipim, pescando nas águas claras dos rios ainda livres da poluição. Veio o progresso. Campo Grande cresceu. Os pequenos agricultores foram vendendo as suas terras e mudando de bairro, mudando de cidade, indo para cada vez mais longe.

Os terrenos baldios foram sendo ocupados. As favelas foram crescendo. As mangueiras, as goiabeiras, as jaqueiras, as árvores foram sendo derrubadas uma a uma, duas a duas, às dúzias, às centenas, dando lugar ao concreto dos grandes edifícios residenciais.

E a casinha amarelinha onde Rosa nasceu, só então ela descobriu, não era sua, embora ali, naquele quintal, estivesse enterrado o seu umbigo e as paredes estivessem impregnadas pelo cheiro da pele da sua mãe e o chão marcado pelos passos firmes do velho pai. A casa era alugada. Durante toda a vida de Rosa, ela morou numa casa alugada, que a família tratava e cuidava como se fosse sua.

Foram 21 anos vividos ali. Vinte e um anos de felicidade, que acabaram no dia em que o dono do imóvel faleceu e os seus herdeiros pediram o fim do contrato e a desocupação da velha casa amarelinha. Rosa e o pai ainda tentaram argumentar, convencer os novos donos, mas não conseguiram. A casa seria vendida para no seu lugar ser construído um prédio moderno.

Alguém falou na Lei do Inquilinato, que resguardava os direitos daqueles que pagam aluguel. O advogado de Rosa, no entanto, explicou que, com o tempo, a lei havia mudado, e que nada poderia ser feito, a não ser procurar, o mais rapidamente possível, outro lugar onde morar.

Dentro da casinha amarelinha onde Rosa nasceu, as lágrimas rolavam dos olhos da família a cada objeto guardado nas caixas de papelão, cuidadosamente protegidos por folhas de jornal, para que não quebrassem durante a mudança.

Sacolejando, lá foi o caminhão vermelho pela ruazinha estreita, carregando os móveis, as lembranças, as saudades e as recordações da casinha amarelinha onde Rosa nasceu.

Na carroceria descoberta, ficavam expostos o velho colchão manchado, a cristaleira antiga e delicada, o espelho emoldurado que refletia

Casa Amarela

o sol das tardes quentes; era uma vida inteira em exposição, a intimidade tornada pública, atravessando as avenidas da cidade.

Estavam ali, naquele caminhão, todas as coisas que marcaram a existência de Rosa, inclusive, e muito especialmente, a falta de uma lei que deveria ser criada para proteger os mais fracos, os que nada têm de seu.

Caíram as paredes. Caíram as telhas todas. Caíram as estruturas. A casa amarelinha onde Rosa nasceu não existe mais. Rosa agora mora num pequeno apartamento, onde não pode plantar, onde não pode colher o fruto no pé e não pode mais descansar no banquinho de madeira à sombra da caramboleira.

Rosa, minha doce e sofrida Rosa, que nasceu numa casa amarelinha de janelas brancas, com varanda e quintal, uma casa que era um lar, e que hoje vive de recordações, receba o meu abraço, a minha solidariedade e o meu protesto unido ao seu contra esta e outras injustiças que ferem a gente brasileira.

Rosa, é para você e para todos os desabrigados, todos os desalojados, este meu **BOM DIA**.

38. Calcinha

AQUELES QUE FAZEM O MAL, preferem trabalhar na escuridão, para que os seus olhos não vejam o que fazem as suas mãos. Mas a consciência do erro praticado pode se transformar no pior dos castigos, eternizando-se na memória, que reproduz a cena infinitas vezes, sem parar.

Fiquei pensando nessas coisas, minha triste e amargurada Nair, da Vila Valqueire, ao tomar conhecimento da sua história, que nada tem de banal, pelo contrário.

Menina bonita, criada com a liberdade que os seus pais lhe conferiam, cedo você iniciou a sua vida sentimental. Aos dez anos, já havia beijado na boca; aos treze, já permitia aos garotos avanços maiores; aos dezesseis, já conhecia os prazeres do sexo, deliciosamente desfrutado nas camas dos motéis e nos quartos nas casas dos amigos e das amigas.

Tudo era diversão. Tudo era prazer. Tudo era alegria. E você achava graça, quando as suas colegas contavam as suas mágoas e as suas tristezas e derramavam lágrimas por causa dos seus namorados, aos quais juravam amar para sempre. Você achava graça porque, pra você, o amor verdadeiro, ou pelo menos a ilusão do verdadeiro amor, ainda não havia invadido o seu coração.

Aos dezenove anos, depois de ser severamente advertida por sua mãe, você decidiu que era chegada a hora de ter um namoro sério, alguém para casar, um homem que lhe desse um lar, filhos, plantas no jardim, vasinhos com gerânios nas janelas, rede e cadeira de balanço na varanda.

Para você não foi difícil encontrar alguém com essas qualidades. E foi assim que, pela primeira vez, você apresentou um namorado aos seus pais, que ficaram radiantes de felicidade, acreditando que, finalmente, você estava tomando juízo, pensando sério na vida.

Bastaram doze meses de namoro para que o rapaz falasse em casamento. A sua família exultou. A sua mãe, que sempre imaginara o pior

Calcinha

para você, parecia viver nas nuvens, agradecendo a Deus pela sorte de conseguir levar você até a Igreja.

No entanto, embora tenha respondido que sim, que aceitava casar, ao fechar a porta do seu quarto, na hora de dormir, você começou a pensar mais profundamente no assunto. E foi botando na balança as vantagens e desvantagens dessa decisão. E a balança pesou mais para o lado das desvantagens, pra começar porque você não amava o seu noivo; ele até que era bom, honesto, trabalhador, fazia um sexo maravilhoso, mas era só isso, sexo, porque amor não havia.

Na manhã seguinte, você reuniu a família e disse que não iria estragar a sua vida casando com uma pessoa que você não amava. Sua mãe quase tem um troço. Chorou, desmaiou, disse que você era uma louca, que morria de vergonha de você. O seu pai, indignado, só faltou bater na sua cara, lamentando a má sorte de ter uma filha assim, perdida, irresponsável, leviana.

Nada disso fez você mudar de opinião. O noivado terminou. E você voltou à sua vida de sempre. Mas agora a sua família pressionava você, se metia na sua vida, fazia críticas e você não aguentou mais e foi morar sozinha, no quartinho de uma pensão.

O tempo passou. Ressentida e magoada, nunca mais você falou com os seus pais. Até o dia em que, quatro anos mais tarde, por acaso, reencontrou a sua irmã mais nova em plena Avenida Rio Branco. Foi uma alegria inesperada, uma emoção incontrolável, uma explosão de bons sentimentos que, por mais amorosos que sejam, não cabem num abraço.

Sua irmã contou que já estava casada e convidou você para uma visita. Você, claro, aceitou. E no sábado daquela mesma semana, lá estava você, indo para Vaz Lobo, para conhecer a casa e a família da sua irmã.

Você foi recebida com flores no portão da casinha simples de subúrbio. No quintal da frente, uma pequena piscina de plástico, uma bicicletinha com rodinhas para garantir o equilíbrio da criança, e uma roseira repleta de botões amarelos, coisas que revelavam que ali morava a felicidade.

Bom dia, pai

Ao entrar, a surpresa, a grande surpresa: sua irmã havia casado com o Fernando. Sim, o Fernando, aquele que tinha pedido a sua mão em casamento anos atrás e que você rejeitou, você não quis.

Desconcertada, tentou fingir naturalidade, mas não conseguia parar de olhar para ele, que não era mais um rapazinho, mas sim um marido, com a sua barriguinha saliente e uma linda filhinha no colo.

Apesar da situação difícil, a sua irmã e o seu cunhado comportaram-se com muita classe e dignidade, sem tocar nas feridas do passado, conversando sobre coisas amenas e projetos para o futuro. Você sorria, mas a sua alma chorava. Pediu licença para ir ao banheiro, mas a sua maior necessidade era a de parar e pensar naquilo que estava acontecendo.

Trancada no toillete, você chorou, porque descobriu que havia jogado fora uma vida feliz, uma vida de harmonia e tranquilidade, percebeu que abriu mão do homem que seria o ideal para você, que igual a ele você nunca encontraria outro. Enxugou as lágrimas. Recompôs-se diante do espelho e saiu do banheiro com uma decisão tomada.

Na sala, na primeira oportunidade que teve de ficar a sós com o cunhado, porque a sua irmã fora até a cozinha, para preparar um café, você, numa rapidez surpreendente, ficou de pé, levantou a saia, tirou a calcinha e entregou-a na palma da mão dele, dizendo: — É sua. Sempre foi. Sempre será.

No começo da noite, você foi embora, prometendo voltar; e o seu coração disparava, dava saltos, tamanha era a sua ansiedade, tamanho era o seu nervosismo.

Na segunda-feira, bem cedinho, o seu telefone tocou.

Era o seu cunhado. Ele quer encontrar você. Ele diz que nunca esqueceu o sexo alucinado e selvagem que fazia com você, que você é o amor da vida dele. E agora?

E agora, você não pode e nem deve dar continuidade a essa loucura. E agora, você deve recuar das sombras e da escuridão em que está prestes a mergulhar, arrastando a sua irmã, o seu cunhado, a sua sobrinha, toda a sua família.

Calcinha

Como fez no passado, desapareça da vida deles. Mude de casa. Mude o número do telefone. Fazendo assim, talvez você sofra por algum tempo, mas estará livre de sofrer durante a sua vida inteira.

É triste, quando a gente ama sem saber que ama, simplesmente porque desconhece o que é o verdadeiro amor.

Para você, com a minha apreensão, o meu incentivo e o meu estímulo para que faça a coisa certa, o meu carinho, o meu abraço e este **BOM DIA**.

39. Reencarnação

A TARDE ESCURECEU DE REPENTE, com imensos blocos de nuvens fechando o sol e trazendo a sombra que encobriu a cidade. Dentro dos seus automóveis, os motoristas esperavam impacientes que o trânsito fluísse e a chuva caísse, para finalmente refrescar aquele dia incrivelmente quente e abafado, tipicamente do verão carioca.

Aflita, a passos rápidos, quase correndo, Josiane a todo instante olhava para o céu, enquanto pensava se teria tempo de chegar até o ponto do ônibus antes de os pingos desabarem sobre ela, que estava desprevenida, sem a sombrinha que tanta falta faz nessas horas.

Ao dobrar a esquina da Buenos Aires com a Uruguaiana, Josiane descobriu que as suas preces não foram tendidas: o aguaceiro veio de uma só vez, como se alguém tivesse aberto as comportas de uma grande represa. E para piorar, um vento surpreendentemente forte e frio correu, veloz, entre os prédios da cidade.

Josiane não sabia se segurava a saia, que a ventania teimava em levantar, ou se prendia os cabelos com a mão, na esperança vã de manter a classe e a elegância, o que se mostrou impossível numa situação dessas.

As roupas molhadas colavam-se ao seu corpo, revelando os seios bem feitos, a cintura fina, a barriguinha sarada, as coxas grossas e uma calcinha minúscula, que realçava as formas redondas da chamada "preferência nacional".

Ao se perceber assim exposta, em plena via pública, Josiane decidiu que o melhor era relaxar e atravessar a avenida Presidente Vargas, esgueirando-se entre automóveis, ônibus e vans, para alcançar o mais rapidamente possível o outro lado da pista, onde havia uma marquise sob a qual ela poderia se abrigar.

Uma multidão aguardava os ônibus que, retidos no engarrafamento, demoravam mais do que o habitual para passar.

Reencarnação

"O primeiro cara que encostar o seu carro na beira da calçada e me oferecer carona, eu embarco, não quero nem saber", Josiane pensou. E mal acabou de se fazer a promessa, um homem moreno, de meia idade, fazia sinal para ela, convidando-a a embarcar em uma linda caminhonete cor de prata. Josiane tentou fingir que não viu. O motorista insistiu. Ela virou o rosto para o outro lado. E o motorista não desistiu: desceu do carro e foi diretamente falar com ela:

— Menina, deixa de ser orgulhosa. Moro perto de você. Não me custa dar uma carona. Vem. Vamos. Vamos embora — ele disse.

Josiane, então, se deixou levar pelo braço, e embarcou.

O limpador de para-brisa se agitava pra lá e pra cá, mas não vencia o grande volume de água que escorria sobre o vidro. O homem se apresentou. Disse que se chamava Augusto, que era advogado, solteiro, e que conhecia Josiane de vista porque morava no mesmo bairro que ela, apenas duas ruas acima, e que gostava de vê-la, nas manhãs de domingo, de bermudinha e tênis, passeando com o seu cachorrinho vira-lata. Josiane sentiu-se mais segura. E sorriu.

Ao deixá-la no portão de casa, Augusto perguntou se poderia encontrar Josiane no dia seguinte. Ela aceitou. E, quatro dias depois já se amavam na cama redonda de um quarto de motel. O namoro foi ficando sério e os dois já falavam em casamento, que Josiane disse que aceitaria, mas sob uma condição: nada de filhos. Ela queria curtir a vida ao lado de Augusto, sem crianças para atrapalhar. Augusto, pego de surpresa, argumentou que já era um homem maduro, e que o seu maior sonho era ter um herdeiro, um filho com quem pudesse jogar bola, torcer pelo Fluminense, a quem pudesse ensinar as coisas da vida. Josiane manteve-se irredutível:

— Filho, nem pensar — ela dizia.

Casaram. A festa foi discreta. E para Augusto faltava apenas um detalhe para que a sua felicidade fosse completa: um menino correndo pela casa.

Bom dia, pai

— Não. Filho, nem pensar! — Josiane repetia, repelindo a ideia e desfazendo o sonho do marido. Até que, numa manhã qualquer, ela acordou enjoada, com ânsias de vômito, indisposta. Augusto já havia saído para trabalhar, e Josiane para não preocupar o marido, preferiu não lhe dizer, acreditando que, até o final do dia já estaria recuperada. Acontece que o mal estar ia e vinha, parava e voltava, e agora com uma frequência cada vez maior. Uma amiga aconselhou:

— Olha, Josiane, vá ao médico, garota, porque acho que você está grávida.

— Deus me livre — Josiane respondeu. — Filho, nem pensar!

No entanto, pelo sim, pelo não, agendou uma consulta com a sua ginecologista, que após alguns exames simples confirmou a gravidez. Na hora, Josiane teve uma reação inesperada, quase explodiu de alegria e de felicidade e só pensou no Augusto, o seu marido, que tinha o grande sonho ser pai.

Saiu do consultório andando nas nuvens, radiante, rindo a toa, e fazendo planos, escolhendo a decoração do quartinho do bebê, o nome do menininho, tudo.

— Você foi ao médico, Josiane? — quis saber Augusto, ao chegar a casa.

— Fui. Fui, sim, amor. Não era nada de mais, não. A doutora passou uma dieta. Logo, vou ficar boa — ela mentiu, escondendo do marido que estava grávida. A decepção tomou conta do rosto de Augusto.

À noite, Josiane adormeceu com um sorriso no rosto, feito criança levada, guardando um segredo que ela só revelaria quando não desse mais para esconder.

— Tem certeza, que você não está grávida? É que a sua barriguinha está crescendo — Augusto disse, um dia.

Josiane negou, querendo ver até quando poderia levar a brincadeira adiante.

Reencarnação

Há um ano e meio, o telefone celular de Josiane chamou. Do outro lado da linha, uma voz desconhecida:

— A senhora desculpe. Mas vi seu número na memória do celular do senhor Augusto, e decidi arriscar: a senhora é mulher dele?

— Sou, sim. O que o senhor está fazendo com o telefone do meu marido? Onde está o meu marido?

Josiane tratou de correr para o hospital em que Augusto estava internado, em estado grave, vítima de três tiros disparados por um bandido durante um assalto.

No hospital, ela perguntou pelo marido. E ainda na recepção recebeu a noticia: ele não resistiu, acabara de morrer. E morreu sem saber que era o pai do filho que ela trazia no ventre.

Josiane se culpa e se martiriza a cada vez que olha para o bebê, que dorme no bercinho ao lado da sua cama. Augusto Junior. Augustinho. A cara do pai. O sorriso do pai. O nome do pai. Mas sem o pai para lhe ensinar as coisas da vida.

Josiane, então se agarra ao espiritismo, na esperança de que Augusto reencarne logo, para poder conviver com o filho que ele tanto quis.

Josiane minha querida, você não tem culpa de nada, porque não agiu de má fé na sua brincadeira de esconder do seu marido que vocês estavam grávidos.

E tomara que a reencarnação ou a ressurreição realmente exista, para que aqueles que se amam possam se reencontrar um dia e todos possamos nos redimir das nossas culpas e dos nossos pecados. Para você, o meu carinho e este **BOM DIA**.

Este livro foi impresso nas oficinas gráficas da Editora Vozes Ltda.,
Rua Frei Luís, 100 – Petrópolis, RJ.